Heinrich von Kleist

Amphitryon

Ein Lustspiel nach Molière

Heinrich von Kleist: Amphitryon. Ein Lustspiel nach Molière

Entstanden wohl 1806, Erstdruck: Dresden (Arnold) 1807.
Uraufführung am 8.4.1899 in Berlin.

Neuausgabe mit einer Biographie des Autors
Herausgegeben von Karl-Maria Guth
Berlin 2016

Der Text dieser Ausgabe folgt:
Heinrich von Kleist: Werke und Briefe in vier Bänden. Herausgegeben
von Siegfried Streller in Zusammenarbeit mit Peter Goldammer und
Wolfgang Barthel, Anita Golz, Rudolf Loch, Berlin und Weimar:
Aufbau, 1978.

Die Paginierung obiger Ausgabe wird hier als Marginalie zeilengenau
mitgeführt.

Umschlaggestaltung von Thomas Schultz-Overhage unter Verwendung
des Bildes: Jean Auguste Dominique Ingres, Jupiter und Thetis, 1811

Gesetzt aus der Minion Pro, 11 pt

Verlag: Henricus - Edition Deutsche Klassik GmbH
Mörchinger Str. 33, 14169 Berlin, info@henricus-verlag.de
Druck: Libri Plureos GmbH, Friedensallee 273, 22763 Hamburg

Die Ausgaben der Sammlung Hofenberg basieren auf zuverlässigen
Textgrundlagen. Die Seitenkonkordanz zu anerkannten
Studienausgaben machen Hofenbergtexte auch in wissenschaftlichem
Zusammenhang zitierfähig.

ISBN 978-3-8430-8096-5

Bibliografische Information der Deutschen Nationalbibliothek

Die Deutsche Nationalbibliothek verzeichnet diese Publikation in der
Deutschen Nationalbibliografie; detaillierte bibliografische Daten sind
im Internet über www.dnb.de abrufbar.

Persongen

Jupiter, in der Gestalt des Amphitryon.

Merkur, in der Gestalt des Sosias.

Amphitryon, Feldherr der Thebaner.

Sosias, sein Diener.

Alkmene, Gemahlin des Amphitryon.

Charis, Gemahlin des Sosias.

Feldherren.

326   *Die Szene ist in Theben vor dem Schlosse des Amphitryon.*

Erster Akt

Es ist Nacht.

Erste Szene

SOSIAS *tritt mit einer Laterne auf.*
 Heda! Wer schleicht da? Holla! – Wenn der Tag
 Anbräche, wär mir's lieb; die Nacht ist – Was?
 Gut Freund, ihr Herrn! Wir gehen eine Straße –
 Ihr habt den ehrlichsten Geselln getroffen,
 Bei meiner Treu, auf den die Sonne scheint –
 Vielmehr der Mond jetzt, wollt ich sagen –
 Spitzbuben sind's entweder, feige Schufte,
 Die nicht das Herz, mich anzugreifen, haben:
 Oder der Wind hat durch das Laub gerasselt.
 Jedweder Schall hier heult in dem Gebirge. –
 Vorsichtig! Langsam! – Aber wenn ich jetzt
 Nicht bald mit meinem Hut an Theben stoße
 So will ich in den finstern Orkus fahren.
 Ei, hol's der Henker! ob ich mutig bin,
 Ein Mann von Herz; das hätte mein Gebieter
 Auf anderm Wege auch erproben können.
 Ruhm krönt ihn, spricht die ganze Welt, und Ehre,
 Doch in der Mitternacht mich fortzuschicken,
 Ist nicht viel besser, als ein schlechter Streich.
 Ein wenig Rücksicht wär, und Nächstenliebe,
 So lieb mir, als der Keil von Tugenden,
 Mit welchem er des Feindes Reihen sprengt.
 Sosias, sprach er, rüste dich mein Diener,
 Du sollst in Theben meinen Sieg verkünden
 Und meine zärtliche Gebieterin
 Von meiner nahen Ankunft unterrichten.
 Doch hätte das nicht Zeit gehabt bis morgen,
 Will ich ein Pferd sein, ein gesatteltes!
 Doch sieh! Da zeigt sich, denk ich, unser Haus!
 Triumph, du bist nunmehr am Ziel, Sosias,
 Und allen Feinden soll vergeben sein.
 Jetzt, Freund, mußt du an deinen Auftrag denken;

327

4

Man wird dich feierlich zur Fürstin führen,
Alkmen', und den Bericht bist du ihr dann,
Vollständig und mit Rednerkunst gesetzt
Des Treffens schuldig, das Amphitryon
Siegreich fürs Vaterland geschlagen hat.
– Doch wie zum Teufel mach ich das, da ich
Dabei nicht war? Verwünscht. Ich wollt: ich hätte
Zuweilen aus dem Zelt geguckt,
Als beide Heer im Handgemenge waren.
Ei was! Vom Hauen sprech ich dreist und Schießen,
Und werde schlechter nicht bestehn, als andre,
Die auch den Pfeil noch pfeifen nicht gehört. –
Doch wär es gut, wenn du die Rolle übtest?
Gut! Gut bemerkt, Sosias! Prüfe dich.
Hier soll der Audienzsaal sein, und diese
Latern Alkmene, die mich auf dem Thron erwartet.

Er setzt die Laterne auf den Boden.

Durchlauchtigste! mich schickt Amphitryon,
Mein hoher Herr und Euer edler Gatte,
Von seinem Siege über die Athener
Die frohe Zeitung Euch zu überbringen.
– Ein guter Anfang! – »Ach, wahrhaftig, liebster
Sosias, meine Freude mäßg' ich nicht,
Da ich dich wiedersehe.« – Diese Güte,
Vortreffliche, beschämt mich, wenn sie stolz gleich
Gewiß jedweden andern machen würde.
– Sieh! das ist auch nicht übel! – »Und dem teuren
Geliebten meiner Seel Amphitryon,
Wie geht's ihm?« – Gnäd'ge Frau, das faß ich kurz:
Wie einem Mann von Herzen auf dem Feld des Ruhms.
– Ein Blitzkerl! Seht die Suade! – »Wann denn kommt er?«
Gewiß nicht später, als sein Amt verstattet,
Wenngleich vielleicht so früh nicht, als er wünscht.
– Potz, alle Welt! – »Und hat er sonst dir nichts
Für mich gesagt, Sosias?« – Er sagt wenig,
Tut viel, und es erbebt die Welt vor seinem Namen.
– Daß mich die Pest! Wo kömmt der Witz mir her?
»Sie weichen also, sagst du, die Athener?«

– Sie weichen, tot ist Labdakus, ihr Führer,
Erstürmt Pharissa, und wo Berge sind,
Da hallen sie von unserm Siegsgeschrei. –
»O teuerster Sosias! Sieh, das mußt du
Umständlich mir, auf jeden Zug, erzählen.«
– Ich bin zu Euern Diensten, gnäd'ge Frau.
Denn in der Tat kann ich von diesem Siege
Vollständ'ge Auskunft, schmeichl ich mir, erteilen:
Stellt Euch, wenn Ihr die Güte haben wollt,
Auf dieser Seite hier –

   Er bezeichnet die Örter auf seiner Hand –.

Pharissa vor
– Was eine Stadt ist, wie Ihr wissen werdet,
So groß im Umfang, praeter propter,
Um nicht zu übertreiben, wenn nicht größer,
Als Theben. Hier geht der Fluß. Die Unsrigen
In Schlachtordnung auf einem Hügel hier;
Und dort im Tale haufenweis der Feind.
Nachdem er ein Gelübd zum Himmel jetzt gesendet,
Daß Euch der Wolkenkreis erzitterte,
Stürzt, die Befehle treffend rings gegeben,
Er gleich den Strömen brausend auf uns ein.
Wir aber, minder tapfer nicht, wir zeigten
Den Rückweg ihm, – und Ihr sollt gleich sehn, wie?
Zuerst begegnet' er dem Vortrab hier;
Der wich. Dann stieß er auf die Bogenschützen dort;
Die zogen sich zurück. Jetzt dreist gemacht, rückt er
Den Schleudrern auf den Leib; die räumten ihm das Feld
Und als verwegen jetzt dem Hauptkorps er sich nahte,
Stürzt dies – halt! Mit dem Hauptkorps ist's nicht richtig.
Ich höre ein Geräusch dort, wie mir deucht.   329

Zweite Szene

Merkur tritt in der Gestalt des Sosias aus Amphitryons Haus.
Sosias.

MERKUR *für sich.*
Wenn ich den ungerufnen Schlingel dort

Beizeiten nicht von diesem Haus entferne,
So steht, beim Styx, das Glück mir auf dem Spiel,
Das in Alkmenens Armen zu genießen,
Heut in der Truggestalt Amphitryons
Zeus der Olympische, zur Erde stieg.

SOSIAS *ohne den Merkur zu sehn.*
Es ist zwar nichts und meine Furcht verschwindet,
Doch um den Abenteuern auszuweichen,
Will ich mich vollends jetzt zu Hause machen,
Und meines Auftrags mich entledigen.

MERKUR *für sich.*
Du überwindest den Merkur, Freund, oder
Dich werd ich davon abzuhalten wissen.

SOSIAS.
Doch diese Nacht ist von endloser Länge.
Wenn ich fünf Stunden unterwegs nicht bin,
Fünf Stunden nach der Sonnenuhr von Theben,
Will ich stückweise sie vom Turme schießen.
Entweder hat in Trunkenheit des Siegs
Mein Herr den Abend für den Morgen angesehn,
Oder der lockre Phöbus schlummert noch,
Weil er zu tief ins Fläschchen gestern guckte.

MERKUR.
Mit welcher Unehrbietigkeit der Schuft
Dort von den Göttern spricht. Geduld ein wenig;
Hier dieser Arm bald wird Respekt ihm lehren.

SOSIAS *erblickt den Merkur.*
Ach bei den Göttern der Nacht! Ich bin verloren.
Da schleicht ein Strauchdieb um das Haus, den ich
Früh oder spät am Galgen sehen werde.
– Dreist muß ich tun, und keck und zuversichtlich.

330

Er pfeift.

MERKUR *laut.*
Wer denn ist jener Tölpel dort, der sich
Die Freiheit nimmt, als wär er hier zu Hause,
Mit Pfeifen mir die Ohren vollzuleiern?
Soll hier mein Stock vielleicht ihm dazu tanzen?

SOSIAS.

– Ein Freund nicht scheint er der Musik zu sein.

MERKUR.

Seit der vergangnen Woche fand ich keinen,
Dem ich die Knochen hätte brechen können.
Mein Arm wird steif, empfind ich, in der Ruhe,
Und einen Buckel von des deinen Breite,
Ihn such ich just, mich wieder einzuüben.

SOSIAS.

Wer, Teufel, hat den Kerl mir dort geboren?
Von Todesschrecken fühl ich mich ergriffen,
Die mir den Atem stocken machen.
Hätt ihn die Hölle ausgeworfen,
Es könnt entgeisternder mir nicht sein Anblick sein.
– Jedoch vielleicht geht's dem Hanswurst wie mir,
Und er versucht den Eisenfresser bloß,
Um mich ins Bockshorn schüchternd einzujagen.
Halt, Kauz, das kann ich auch. Und überdies,
Ich bin allein, er auch; zwei Fäuste hab ich,
Doch er nicht mehr; und will das Glück nicht wohl mir,
Bleibt mir ein sichrer Rückzug dort – Marsch also!

MERKUR *vertritt ihm den Weg.*

Halt dort! Wer geht dort?

SOSIAS.

Ich.

MERKUR.

Was für ein Ich?

SOSIAS.

Meins mit Verlaub. Und meines, denk ich, geht
Hier unverzollt gleich andern. Mut Sosias!

MERKUR.

Halt! mit so leichter Zech entkommst du nicht.
Von welchem Stand bist du?

SOSIAS.

Von welchem Stande?
Von einem auf zwei Füßen, wie Ihr seht.

MERKUR.

Ob Herr du bist, ob Diener, will ich wissen?

SOSIAS.

Nachdem Ihr so mich, oder so betrachtet,
Bin ich ein Herr, bin ich ein Dienersmann.

MERKUR.

Gut. Du mißfällst mir.

SOSIAS.

Ei das tut mir leid.

MERKUR.

Mit einem Wort, Verräter, will ich wissen,
Nichtswürd'ger Gassentreter, Eckenwächter,
Wer du magst sein, woher du gehst, wohin,
Und was du hier herum zu zaudern hast?

SOSIAS.

Darauf kann ich Euch nichts zur Antwort geben
Als dies: ich bin ein Mensch, dort komm ich her,
Da geh ich hin, und habe jetzt was vor,
Das anfängt, Langeweile mir zu machen.

MERKUR.

Ich seh dich witzig, und du bist im Zuge,
Mich kurzhin abzufertigen. Mir aber kommt
Die Lust an, die Bekanntschaft fortzusetzen,
Und die Verwicklung einzuleiten, werd ich
Mit dieser Hand hier hinters Ohr dir schlagen.

SOSIAS.

Mir?

MERKUR.

Dir, und hier bist dessen du gewiß.
Was wirst du nun darauf beschließen.

SOSIAS.

Wetter!
Ihr schlagt mir eine gute Faust, Gevatter.

MERKUR.

Ein Hieb von mittlern Schrot. Zuweilen treff ich
Noch besser.

SOSIAS.

Wär ich auch so aufgelegt,
Wir würden schön uns in die Haare kommen.

MERKUR.

Das wär mir recht. Ich liebe solchen Umgang.

SOSIAS.

Ich muß, jedoch, Geschäfts halb, mich empfehlen.

Er will gehn.

MERKUR *tritt ihm in den Weg.*

Wohin?

SOSIAS.

Was geht's dich an, zum Teufel?

MERKUR.

Ich will wissen,
Sag ich dir, wo du hingehst?

SOSIAS.

Jene Pforte
Will ich mir öffnen lassen. Laß mich gehn.

MERKUR.

Wenn du die Unverschämtheit hast, dich jener
Schloßpforte dort zu nähern, sieh, so rasselt
Ein Ungewitter auf dich ein von Schlägen.

SOSIAS.

Was? soll ich nicht nach Hause gehen dürfen?

MERKUR.

Nach Hause? sag das noch einmal.

SOSIAS.

Nun ja.
Nach Haus.

MERKUR.

Du sagst von diesem Hause dich?

SOSIAS.

Warum nicht? Ist es nicht Amphitryons Haus?

MERKUR.

Ob dies Amphitryons Haus ist? Allerdings,
Halunk, ist dies das Haus Amphitryons,
Das Schloß des ersten Feldherrn der Thebaner.
Doch welch ein Schluß erfolgt? –

SOSIAS.

Was für ein Schluß?
Daß ich hineingehn werd. Ich bin sein Diener.

MERKUR.

Sein Die –?

SOSIAS.

Sein Diener.

MERKUR.

Du?

SOSIAS.

Ich, ja.

MERKUR.

Amphitryons Diener?

SOSIAS.

Amphitryons Diener, des Thebanerfeldherrn.

MERKUR.

– Dein Name ist?

SOSIAS.

Sosias.

MERKUR.

So –?

SOSIAS.

Sosias.

MERKUR.

Hör, dir zerschlag ich alle Knochen.

SOSIAS.

Bist du
Bei Sinnen?

MERKUR.

Wer gibt das Recht dir, Unverschämter,
Den Namen des Sosias anzunehmen?

SOSIAS.

Gegeben wird er mir, ich nehm ihn nicht.
Mag es mein Vater dir verantworten.

MERKUR.

Hat man von solcher Frechheit je gehört?
Du wagst mir schamlos ins Gesicht zu sagen,
Daß du Sosias bist?

SOSIAS.

Ja, allerdings.
Und das aus dem gerechten Grunde, weil es
Die großen Götter wollen; weil es nicht
In meiner Macht steht, gegen sie zu kämpfen,
Ein andrer sein zu wollen als ich bin;

333

Weil ich muß Ich, Amphitryons Diener sein,
Wenn ich auch zehenmal Amphitryon,
Sein Vetter lieber, oder Schwager wäre.
MERKUR.
Nun, wart! Ich will dich zu verwandeln suchen.
SOSIAS.
Ihr Bürger! Ihr Thebaner! Mörder! Diebe!
MERKUR.
Wie du Nichtswürdiger, du schreist noch?
SOSIAS.
Was?
Ihr schlagt mich, und nicht schreien soll ich dürfen?
MERKUR.
Weißt du nicht, daß es Nacht ist, Schlafenszeit
Und daß in diesem Schloß Alkmene hier,
Amphitryons Gemahlin, schläft?
SOSIAS.
Hol Euch der Henker!
Ich muß den kürzern ziehen, weil Ihr seht,
Daß mir zur Hand kein Prügel ist, wie Euch.
Doch Schläg erteilen, ohne zu bekommen,
Das ist kein Heldenstück. Das sag ich Euch:
Schlecht ist es, wenn man Mut zeigt gegen Leute,
Die das Geschick zwingt, ihren zu verbergen.
MERKUR.
Zur Sach also. Wer bist du?
SOSIAS *für sich*.
Wenn ich dem
Entkomme, will ich eine Flasche Wein
Zur Hälfte opfernd auf die Erde schütten.
MERKUR.
Bist du Sosias noch?
SOSIAS.
Ach laß mich gehn.
Dein Stock kann machen, daß ich nicht mehr bin;
Doch nicht, daß ich nicht *Ich* bin, weil ich bin.
Der einz'ge Unterschied ist, daß ich mich
Sosias jetzo der geschlagne, fühle.

MERKUR.

Hund, sieh, so mach ich kalt dich.

Er droht.

SOSIAS.

Laß! Laß!

Hör auf, mir zuzusetzen.

MERKUR.

Eher nicht,

Als bis du aufhörst –

SOSIAS.

334 Gut, ich höre auf.

Kein Wort entgegn ich mehr, recht sollst du haben,

Und allem, was du aufstellst, sag ich ja.

MERKUR.

Bist du Sosias noch, Verräter?

SOSIAS.

Ach!

Ich bin jetzt, was du willst. Befiehl, was ich

Soll sein, dein Stock macht dich zum Herren meines Lebens.

MERKUR.

Du sprachst, du hättest dich Sosias sonst genannt?

SOSIAS.

Wahr ist's, daß ich bis diesen Augenblick gewähnt,

Die Sache hätte ihre Richtigkeit.

Doch das Gewicht hat deiner Gründe mich

Belehrt: ich sehe jetzt, daß ich mich irrte.

MERKUR.

Ich bin's, der sich Sosias nennt.

SOSIAS.

Sosias –?

Du –?

MERKUR.

Ja Sosias. Und wer Glossen macht,

Hat sich vor diesen Stock in acht zu nehmen.

SOSIAS *für sich.*

Ihr ew'gen Götter dort! So muß ich auf

Mich selbst Verzicht jetzt leisten, mir von einem

Betrüger meinen Namen stehlen lassen?

MERKUR.

Du murmelst in die Zähne, wie ich höre?

SOSIAS.

Nichts, was dir in der Tat zu nahe träte,
Doch bei den Göttern allen Griechenlands
Beschwör ich dich, die dich und mich regieren,
Vergönne mir, auf einen Augenblick,
Daß ich dir offenherz'ge Sprache führe.

MERKUR.

Sprich.

SOSIAS.

Doch dein Stock wird stumme Rolle spielen?
Nicht von der Unterhaltung sein? Versprich mir,
Wir schließen Waffenstillstand.

MERKUR.

Gut, es sei.
Den Punkt bewillg' ich.

SOSIAS.

Nun so sage mir,
Wie kommt der unerhörte Einfall dir,
Mir meinen Namen schamlos wegzugaunern?
Wär es mein Mantel, wär's mein Abendessen;
Jedoch ein Nam! Kannst du dich darin kleiden?   335
Ihn essen? trinken? oder ihn versetzen?
Was also nützet dieser Diebstahl dir?

MERKUR.

Wie? Du – du unterstehst dich?

SOSIAS.

Halt! halt! sag ich.
Wir schlossen Waffenstillstand.

MERKUR.

Unverschämter!
Nichtswürdiger!

SOSIAS.

Dawider hab ich nichts.
Schimpfwörter mag ich leiden, dabei kann ein
Gespräch bestehen.

MERKUR.

Du nennst dich Sosias?

SOSIAS.

Ja, ich gesteh's, ein unverbürgtes
Gerücht hat mir –

MERKUR.

Genug. Den Waffenstillstand
Brech ich, und dieses Wort hier nehm ich wieder.

SOSIAS.

Fahr in die Höll! Ich kann mich nicht vernichten,
Verwandeln nicht, aus meiner Haut nicht fahren,
Und meine Haut dir um die Schultern hängen.
Ward, seit die Welt steht, so etwas erlebt?
Träum ich etwa? Hab ich zur Morgenstärkung
Heut mehr, als ich gewöhnlich pfleg, genossen?
Bin ich mich meiner völlig nicht bewußt?
Hat nicht Amphitryon mich hergeschickt,
Der Fürstin seine Rückkehr anzumelden?
Soll ich ihr nicht den Sieg, den er erfochten,
Und wie Pharissa überging, beschreiben?
Bin ich soeben nicht hier angelangt?
Halt ich nicht die Laterne? Fand ich dich
Vor dieses Hauses Tür herum nicht lungern,
Und als ich mich der Pforte nähern wollte,
Nahmst du den Stock zur Hand nicht, und zerbläutest
Auf das unmenschlichste den Rücken mir,
Mir ins Gesicht behauptend, daß nicht ich,
Wohl aber du Amphitryons Diener seist.
Das alles, fühl ich, leider, ist zu wahr nur;
Gefiel's den Göttern doch, daß ich besessen wäre.

MERKUR.

Halunke, sieh, mein Zorn wird augenblicklich,
Wie Hagel wieder auf dich niederregnen!
Was du gesagt hast, alles, Zug vor Zug,
Es gilt von mir: die Prügel ausgenommen.

SOSIAS.

Von dir? – Hier die Laterne, bei den Göttern,
Ist Zeuge mir –

MERKUR.

Du lügst, sag ich, Verräter.
Mich hat Amphitryon hieher geschickt.

Mir gab der Feldherr der Thebaner gestern,
Da er vom Staub der Mordschlacht noch bedeckt,
Dem Temp'l enttrat, wo er dem Mars geopfert,
Gemeßnen Auftrag, seinen Sieg in Theben,
Und daß der Feinde Führer Labdakus
Von seiner Hand gefallen, anzukünd'gen;
Denn ich bin, sag ich dir, Sosias,
Sein Diener, Sohn des Davus, wackern Schäfers
Aus dieser Gegend, Bruder Harpagons,
Der in der Fremde starb, Gemahl der Charis,
Die mich mit ihren Launen wütend macht;
Sosias, der im Türmchen saß, und dem man
Noch kürzlich funfzig auf den Hintern zählte,
Weil er zu weit die Redlichkeit getrieben.

SOSIAS *für sich.*

Da hat er recht! Und ohne daß man selbst
Sosias ist, kann man von dem, was er
Zu wissen scheint, nicht unterrichtet sein.
Man muß, mein Seel, ein bißchen an ihn glauben.
Zudem, da ich ihn jetzt ins Auge fasse,
Hat er Gestalt von mir und Wuchs und Wesen
Und die spitzbüb'sche Miene, die mir eigen.
– Ich muß ihm ein paar Fragen tun, die mich
Aufs Reine bringen.

Laut.

Von der Beute,
Die in des Feindes Lager ward gefunden,
Sagst du mir wohl, wie sich Amphitryon
Dabei bedacht, und was sein Anteil war?

MERKUR.

Das Diadem ward ihm des Labdakus,
Das man im Zelt desselben aufgefunden.

SOSIAS.

Was nahm mit diesem Diadem man vor?

MERKUR.

Man grub den Namenszug Amphitryons
Auf seine goldne Stirne leuchtend ein.

SOSIAS.
> Vermutlich trägt er's selber jetzt –?

MERKUR.
> Alkmenen
> Ist es bestimmt. Sie wird zum Angedenken
> Des Siegs den Schmuck um ihren Busen tragen.

SOSIAS.
> Und zugefertigt aus dem Lager wird
> Ihr das Geschenk –?

MERKUR.
> In einem goldnen Kästchen,
> Auf das Amphitryon sein Wappen drückte.

SOSIAS *für sich.*
> Er weiß um alles. – Alle Teufel jetzt!
> Ich fang im Ernst an mir zu zweifeln an.
> Durch seine Unverschämtheit ward er schon
> Und seinen Stock, Sosias, und jetzt wird er,
> Das fehlte nur, es auch aus Gründen noch.
> Zwar wenn ich mich betaste, wollt ich schwören,
> Daß dieser Leib Sosias ist.
> – Wie find ich nun aus diesem Labyrinth? –
> Was ich getan, da ich ganz einsam war,
> Was niemand hat gesehn, kann niemand wissen,
> Falls er nicht wirklich Ich ist, so wie ich.
> – Gut, diese Frage wird mir Licht verschaffen.
> Was gilt's? Dies fängt ihn – nun wir werden sehn.

Laut.

> Als beide Heer im Handgemenge waren,
> Was machtest du, sag an, in den Gezelten,
> Wo du gewußt, geschickt dich hinzudrücken?

MERKUR.
> Von einem Schinken –

SOSIAS *für sich.*
> Hat den Kerl der Teufel –?

MERKUR.
> Den ich im Winkel des Gezeltes fand,
> Schnitt ich ein Kernstück mir, ein saftiges,
> Und öffnete geschickt ein Flaschenfutter,

Um für die Schlacht, die draußen ward gefochten,
Ein wenig Munterkeit mir zu verschaffen.

SOSIAS *für sich.*

Nun ist es gut. Nun wär's gleichviel, wenn mich
Die Erde gleich von diesem Platz verschlänge,
Denn aus dem Flaschenfutter trinkt man nicht,
Wenn man, wie ich, zufällig nicht im Sacke
Den Schlüssel, der gepaßt, gefunden hätte.

Laut.

Ich sehe, alter Freund, nunmehr, daß du
Die ganze Portion Sosias bist,
Die man auf dieser Erde brauchen kann.
Ein mehreres scheint überflüssig mir.
Fern sei mir, den Zudringlichen zu spielen,
Und gern tret ich vor dir zurück. Nur habe die
Gefälligkeit für mich, und sage mir,
Da ich Sosias nicht bin, *wer ich bin?*
Denn *etwas,* gibst du zu, muß ich doch sein.

MERKUR.

Wenn ich nicht mehr Sosias werde sein,
Sei du's, es ist mir recht, ich will'ge drein.
Jedoch solang ich's bin, wagst du den Hals,
Wenn dir der unverschämte Einfall kommt.

SOSIAS.

Gut, gut. Mir fängt der Kopf zu schwirren an,
Ich sehe jetzt, mein Seel, wie sich's verhält,
Wenn ich's auch gleich noch völlig nicht begreife.
Jedoch – die Sache muß ein Ende nehmen;
Und das Gescheiteste, zum Schluß zu kommen,
Ist, daß ich meiner Wege geh. – Leb wohl.

Er geht dem Hause zu.

MERKUR *stößt ihn zurück.*

Wie, Galgenstrick! So muß ich alle Knochen
Dir lähmen?

Er schlägt ihn.

SOSIAS.

Ihr gerechten Götter!
Wo bleibt mir euer Schutz? Mein Rücken heilt
In Wochen nicht, wenn auch Amphitryon
Den Stock nicht rührt. Wohlan! Ich meide denn
Den Teufelskerl, und geh zurück ins Lager,
So finster diese Höllennacht auch glotzt. –
Das war mir eine rühmliche Gesandtschaft!
Wie wird dein Herr, Sosias, dich empfangen?

Ab.

Dritte Szene

MERKUR.

Nun, endlich! Warum trolltest du nicht früher?
Du hättst dir böse Risse sparen können. –
Denn daß ihn eines Gottes Arm getroffen,
Die Ehre kümmert den Halunken nicht:
Ich traf ihn wie der beste Büttel auch.
Nun, mag es sein. Gesündigt hat er gnug,
Verdient, wenn auch nicht eben heut, die Prügel;
Er mag auf Abschlag sie empfangen haben. –
Wenn mir der Schuft mit seinem Zeterschrei,
Als ob man ihn zum Braten spießen wollte,
Nur nicht die Liebenden geweckt! – So wahr ich lebe,
Zeus bricht schon auf. Er kommt, der Göttervater,
Und zärtlich gibt Alkmen', als wär's ihr teurer
Gemahl Amphitryon, ihm das Geleit.

Vierte Szene

Jupiter in der Gestalt Amphitryons. Alkmene; Charis; Merkur;
Fackeln.

JUPITER.

Laß, meine teuerste Alkmene, dort
Die Fackeln sich entfernen. Zwar sie leuchten
Dem schönsten Reiz, der auf der Erde blüht,
Und keiner der Olympier sah ihn schöner;
Jedoch – wie sag ich? Sie verraten den,

Den dieser Reiz hieher gelockt, Geliebte,
Und besser wird es ein Geheimnis bleiben,
Daß dein Amphitryon in Theben war,
Sie sind dem Krieg geraubt, die Augenblicke,
Die ich der Liebe opfernd dargebracht;
Die Welt könnt ihn mißdeuten, diesen Raub;
Und gern entbehrt ich andre Zeugen seiner,
Als nur die eine, die ihn mir verdankt. 340

ALKMENE.

Amphitryon! So willst du gehn? Ach, wie
So lästig ist so vieler Ruhm, Geliebter!
Wie gern gäb ich das Diadem, das du
Erkämpft, für einen Strauß von Veilchen hin,
Um eine niedre Hütte eingesammelt.
Was brauchen wir, als nur uns selbst? Warum
Wird so viel Fremdes noch dir aufgedrungen,
Dir eine Krone und der Feldherrnstab?
Zwar wenn das Volk dir jauchzt, und sein Entzücken
In jedem großen Namen sich verschwendet,
Ist der Gedanke süß, daß du mir angehörst;
Doch dieser flücht'ge Reiz, kann er vergelten,
Was ich empfinde, wenn im wilden Treffen
Der Pfeil auf diesen teuern Busen zielt.
Wie öd ist, ohne dich, dies Haus! Wie träge,
Bist du mir fern, der muntre Reihn der Stunden,
Wenn sie den Tag herauf mir führen sollen!
Ach was das Vaterland mir alles raubt,
Das fühl ich, mein Amphitryon, erst seit heute,
Da ich zwei kurze Stunden dich besaß.

JUPITER.

Geliebte! Wie du mich entzückst! Doch eine
Besorgnis auch erregst du mir, die ich,
So scherzhaft sie auch klingt, dir nennen muß.
Du weißt, daß ein Gesetz der Ehe ist,
Und eine Pflicht, und daß, wer Liebe nicht erwirbt,
Noch Liebe vor dem Richter fordern kann.
Sieh dies Gesetz, es stört mein schönstes Glück.
Dir möcht ich, deinem Herzen, Teuerste,
Jedwede Gunst verdanken, möchte gern

Nicht, daß du einer Förmlichkeit dich fügtest,
Zu der du dich vielleicht verbunden wähnst.
Wie leicht verscheuchst du diese kleinen Zweifel?
So öffne mir dein Innres denn, und sprich,
Ob den Gemahl du heut, dem du verlobt bist,
Ob den Geliebten du empfangen hast?

ALKMENE.

Geliebter und Gemahl! Was sprichst du da?
Ist es dies heilige Verhältnis nicht,
Das mich allein, dich zu empfahn, berechtigt?
Wie kann dich ein Gesetz der Welt nur quälen,
Das weit entfernt, beschränkend hier zu sein,
Vielmehr den kühnsten Wünschen, die sich regen,
Jedwede Schranke glücklich niederreißt?

JUPITER.

Was ich dir fühle, teuerste Alkmene,
Das überflügelt, sieh, um Sonnenferne,
Was ein Gemahl dir schuldig ist. Entwöhne,
Geliebte, von dem Gatten dich,
Und unterscheide zwischen mir und ihm.
Sie schmerzt mich, diese schmähliche Verwechslung,
Und der Gedanke ist mir unerträglich,
Daß du den Laffen bloß empfangen hast,
Der kalt ein Recht auf dich zu haben wähnt.
Ich möchte dir, mein süßes Licht,
Dies Wesen eigner Art erschienen sein,
Besieger dein, weil über dich zu siegen,
Die Kunst, die großen Götter mich gelehrt.
Wozu den eitlen Feldherrn der Thebaner
Einmischen hier, der für ein großes Haus
Jüngst eine reiche Fürstentochter freite?
Was sagst du? Sieh, ich möchte deine Tugend
Ihm, jenem öffentlichen Gecken, lassen,
Und mir, mir deine Liebe vorbehalten.

ALKMENE.

Amphitryon! Du scherzest. Wenn das Volk hier
Auf den Amphitryon dich schmähen hörte,
Es müßte doch dich einen andern wähnen,
Ich weiß nicht wen? Nicht, daß es mir entschlüpft

In dieser heitern Nacht, wie, vor dem Gatten,
Oft der Geliebte aus sich zeichnen kann;
Doch da die Götter eines und das andre
In dir mir einigten, verzeih ich diesem
Von Herzen gern, was der vielleicht verbrach.

JUPITER.

Versprich mir denn, daß dieses heitre Fest,
Das wir jetzt frohem Wiedersehn gefeiert,
Dir nicht aus dem Gedächtnis weichen soll;
Daß du den Göttertag, den wir durchlebt,
Geliebteste, mit deiner weitern Ehe
Gemeinen Tag' lauf nicht verwechseln willst.
Versprich, sag ich, daß du an mich willst denken,
Wenn einst Amphitryon zurücke kehrt –?

ALKMENE.

Nun ja. Was soll man dazu sagen?

JUPITER.

Dank dir!
Es hat mehr Sinn und Deutung, als du glaubst.
Leb wohl, mich ruft die Pflicht.

ALKMENE.

So willst du fort?
Nicht diese kurze Nacht bei mir, Geliebter,
Die mit zehntausend Schwingen fleucht, vollenden?

JUPITER.

Schien diese Nacht dir kürzer als die andern?

ALKMENE.

Ach!

JUPITER.

Süßes Kind! Es konnte doch Aurora
Für unser Glück nicht mehr tun, als sie tat.
Leb wohl. Ich sorge, daß die anderen
Nicht länger dauern, als die Erde braucht.

ALKMENE.

Er ist berauscht, glaub ich. Ich bin es auch.

Ab.

Fünfte Szene

Merkur. Charis.

CHARIS *für sich.*
> Das nenn ich Zärtlichkeit mir! Das mir Treue!
> Das mir ein artig Fest, wenn Eheleute
> Nach langer Trennung jetzt sich wiedersehn!
> Doch jener Bauer dort, der mir verbunden,
> Ein Klotz ist just so zärtlich auch, wie er.

MERKUR *für sich.*
> Jetzt muß ich eilen und die Nacht erinnern,
> Daß uns der Weltkreis nicht aus aller Ordnung kommt.
> Die gute Göttin Kupplerin verweilte
> Uns siebzehn Stunden über Theben heut;
> Jetzt mag sie weiterziehn, und ihren Schleier
> Auch über andre Abenteuer werfen.

CHARIS *laut.*
> Jetzt seht den Unempfindlichen! da geht er.

MERKUR.
> Nun soll ich dem Amphitryon nicht folgen?
> Ich werde doch, wenn er ins Lager geht,
> Nicht auf die Bärenhaut mich legen sollen?

CHARIS.
> Man sagt doch was.

MERKUR.
> Ei was! Dazu ist Zeit. –
> Was du gefragt, das weißt du, damit basta.
> In diesem Stücke bin ich ein Lakoner.

CHARIS.
> Ein Tölpel bist du. Gutes Weib, sagt man,
> Behalt mich lieb, und tröst dich, und was weiß ich?

MERKUR.
> Was, Teufel, kommt dir in den Sinn? Soll ich
> Mit dir zum Zeitvertreib hier Fratzen schneiden?
> Eilf Ehstandsjahr erschöpfen das Gespräch,
> Und schon seit Olims Zeit sag ich dir alles.

CHARIS.
> Verräter, sieh Amphitryon, wie er,
> Den schlechtsten Leuten gleich, sich zärtlich zeigt,

Und schäme dich, daß in Ergebenheit
Zu seiner Frau, und ehelicher Liebe
Ein Herr der großen Welt dich übertrifft.
MERKUR.
Er ist noch in den Flitterwochen, Kind.
Es gibt ein Alter, wo sich alles schickt.
Was diesem jungen Paare steht, das möcht ich
Von weitem sehn, wenn wir's verüben wollten.
Es würd uns lassen, wenn wir alten Esel
Mit süßen Brocken um uns werfen wollten.
CHARIS.
Der Grobian! Was das für Reden sind.
Bin ich nicht mehr im Stand? –
MERKUR.
Das sag ich nicht,
Dein offner Schaden läßt sich übersehen,
Wenn's finster ist, so bist du grau; doch hier
Auf offnem Markt würd's einen Auflauf geben,
Wenn mich der Teufel plagte, zu scharwenzeln.
CHARIS.
Ging ich nicht gleich, sowie du kamst, Verräter,
Zur Plumpe? Kämmt ich dieses Haar mir nicht?
Legt ich dies reingewaschne Kleid nicht an?
Und das, um ausgehunzt von dir zu werden.
MERKUR.
Ei was ein reines Kleid! Wenn du das Kleid
Ausziehen könntest, das dir von Natur ward,
Ließ ich die schmutz'ge Schürze mir gefallen.
CHARIS.
Als du mich freitest, da gefiel dir's doch.
Da hätt es not getan, es in der Küche
Beim Waschen und beim Heuen anzutun.
Kann ich dafür, wenn es die Zeit genutzt?
MERKUR.
Nein, liebstes Weib. Doch ich kann's auch nicht flicken.
CHARIS.
Halunke, du verdienst es nicht, daß eine
Frau dir von Ehr und Reputation geworden.

344

MERKUR.

Wärst du ein wenig minder Frau von Ehre,
Und rissest mir dafür die Ohren nicht
Mit deinen ew'gen Zänkereien ab.

CHARIS.

Was? so mißfällt's dir wohl, daß ich in Ehren
Mich stets erhielt, mir guten Ruf erwarb?

MERKUR.

Behüt der Himmel mich. Pfleg deiner Tugend,
Nur führe sie nicht, wie ein Schlittenpferd,
Stets durch die Straße läutend, und den Markt.

CHARIS.

Dir wär ein Weib gut, wie man sie in Theben
Verschmitzt und voller Ränke finden kann,
Ein Weib, das dich in süße Wort' ertränkte,
Damit du ihr den Hahnrei niederschluckst.

MERKUR.

Was das betrifft, mein Seel, da sag ich dir:
Gedankenübel quälen nur die Narren,
Den Mann vielmehr beneid ich, dem ein Freund
Den Sold der Ehe vorschießt; alt wird er,
Und lebt das Leben aller seiner Kinder.

CHARIS.

Du wärst so schamlos, mich zu reizen? Wärst
So frech, mich förmlich aufzufordern, dir
Den freundlichen Thebaner, welcher abends
Mir auf der Fährte schleicht, zu adjungieren?

MERKUR.

Hol mich der Teufel, ja. Wenn du mir nur
345   Ersparst, Bericht darüber anzuhören.
Bequeme Sünd ist, find ich, so viel wert,
Als läst'ge Tugend; und mein Wahlspruch ist,
Nicht so viel Ehr in Theben, und mehr Ruhe –
Fahr wohl jetzt, Charis, Schatzkind! Fort muß ich.
Amphitryon wird schon im Lager sein.

Ab.

CHARIS.

Warum, um diesen Niederträchtigen

Mit einer offenbaren Tat zu strafen,
Fehlt's an Entschlossenheit mir? O ihr Götter!
Wie ich es jetzt bereue, daß die Welt
Für eine ordentliche Frau mich hält!

346

Zweiter Akt

Es ist Tag.

Erste Szene

Amphitryon. Sosias.

AMPHITRYON.
> Steh, Gaudieb, sag ich, mir, vermaledeiter
> Halunke! Weißt du, Taugenichts, daß dein
> Geschwätz dich an den Galgen bringen wird?
> Und daß, mit dir nach Würden zu verfahren,
> Nur meinem Zorn ein tücht'ges Rohr gebricht?

SOSIAS.
> Wenn Ihr's aus diesem Ton nehmt, sag ich nichts.
> Befehlt, so träum ich, oder bin betrunken.

AMPHITRYON.
> Mir solche Märchen schamlos aufzubürden!
> Erzählungen, wie unsre Ammen sie
> Den Kindern abends in die Ohren lullen. –
> Meinst du, ich werde dir die Possen glauben?

SOSIAS.
> Behüt! Ihr seid der Herr und ich der Diener,
> Ihr werdet tun und lassen, was Ihr wollt.

AMPHITRYON.
> Es sei. Ich unterdrücke meinen Zorn,
> Gewinne die Geduld mir ab, noch einmal
> Vom Ei den ganzen Hergang anzuhören.
> – Ich muß dies Teufelsrätsel mir entwirren,
> Und nicht den Fuß ehr setz ich dort ins Haus.
> – Nimm alle deine Sinne wohl zusammen,
> Und steh mir Rede, pünktlich, Wort für Wort.

SOSIAS.
> Doch, Herr, aus Furcht, vergebt mir, anzustoßen,
> Ersuch ich Euch, eh wir zur Sache schreiten,
> Den Ton mir der Verhandlung anzugeben.
> Soll ich nach meiner Überzeugung reden,
> Ein ehrlicher Kerl, versteht mich, oder so,

Wie es bei Hofe üblich, mit Euch sprechen?
Sag ich Euch dreist die Wahrheit, oder soll ich
Mich wie ein wohlgezogner Mensch betragen?
AMPHITRYON.
Nichts von den Fratzen. Ich verpflichte dich,
Bericht mir unverhohlen abzustatten.
SOSIAS.
Gut. Laßt mich machen jetzt. Ihr sollt bedient sein.
Ihr habt bloß mir die Fragen auszuwerfen.
AMPHITRYON.
Auf den Befehl, den ich dir gab –?
SOSIAS.
Ging ich
Durch eine Höllenfinsternis, als wäre
Der Tag zehntausend Klaftern tief versunken,
Euch allen Teufeln, und den Auftrag gebend,
Den Weg nach Theben, und die Königsburg.
AMPHITRYON.
Was, Schurke, sagst du?
SOSIAS.
Herr, es ist die Wahrheit.
AMPHITRYON.
Gut. Weiter. Während du den Weg verfolgtest –?
SOSIAS.
Setzt ich den Fuß stets einen vor den andern,
Und ließ die Spuren hinter mir zurück.
AMPHITRYON.
Was! Ob dir was begegnet, will ich wissen!
SOSIAS.
Nichts, Herr, als daß ich salva venia
Die Seele voll von Furcht und Schrecken hatte.
AMPHITRYON.
Drauf eingetroffen hier –?
SOSIAS.
Übt ich ein wenig
Mich auf den Vortrag, den ich halten sollte,
Und stellte witzig die Laterne mir,
Als Eure Gattin, die Prinzessin, vor.

AMPHITRYON.
Dies abgemacht –?
SOSIAS.
Ward ich gestört. Jetzt kömmt's.
AMPHITRYON.
Gestört? Wodurch? Wer störte dich?
SOSIAS.
Sosias.
AMPHITRYON.
Wie soll ich das verstehn?
SOSIAS.
Wie Ihr's verstehn sollt?
Mein Seel! Da fragt Ihr mich zu viel.
Sosias störte mich, da ich mich übte.
AMPHITRYON.
Sosias! Welch ein Sosias! Was für
Ein Galgenstrick, Halunke, von Sosias,
Der außer dir den Namen führt in Theben,
Hat dich gestört, da du dich eingeübt?
SOSIAS.
Sosias! Der bei Euch in Diensten steht,
Den Ihr vom Lager gestern abgeschickt,
Im Schlosse Eure Ankunft anzumelden.
AMPHITRYON.
Du? Was?
SOSIAS.
Ich, ja. Ein Ich, das Wissenschaft
Von allen unsern Heimlichkeiten hat,
Das Kästchen und die Diamanten kennt,
Dem Ich vollkommen gleich, das mit Euch spricht.
AMPHITRYON.
Was für Erzählungen?
SOSIAS.
Wahrhaftige.
Ich will nicht leben, Herr, belüg ich Euch.
Dies Ich war früher angelangt, als ich,
Und ich war hier, in diesem Fall, mein Seel,
Noch eh ich angekommen war.

29

AMPHITRYON.

Woher entspringt dies Irrgeschwätz? Der Wischwasch?
Ist's Träumerei? Ist es Betrunkenheit?
Gehirnverrückung? Oder soll's ein Scherz sein?

SOSIAS.

Es ist mein völl'ger Ernst, Herr, und Ihr werdet,
Auf Ehrenwort, mir Euren Glauben schenken,
Wenn Ihr so gut sein wollt. Ich schwör's Euch zu,
Daß ich, der einfach aus dem Lager ging,
Ein Doppelter in Theben eingetroffen;
Daß ich mir glotzend hier begegnet bin;
Daß hier dies eine Ich, das vor Euch steht,
Vor Müdigkeit und Hunger ganz erschöpft,
Das andere, das aus dem Hause trat,
Frisch, einen Teufelskerl, gefunden hat;
Daß diese beiden Schufte, eifersüchtig
Jedweder, Euern Auftrag auszurichten,
Sofort in Streit gerieten, und daß ich
Mich wieder ab ins Lager trollen mußte,
Weil ich ein unvernünft'ger Schlingel war.

AMPHITRYON.

Man muß von meiner Sanftmut sein, von meiner
Friedfertigkeit, von meiner Selbstverleugnung,
Um einem Diener solche Sprache zu gestatten.

SOSIAS.

Herr, wenn Ihr Euch ereifert, schweig ich still.
Wir wollen von was andern sprechen.

AMPHITRYON.

Gut. Weiter denn. Du siehst, ich mäß'ge mich.
Ich will geduldig bis ans End dich hören.
Doch sage mir auf dein Gewissen jetzt,
Ob das, was du für wahr mir geben willst,
Wahrscheinlich auch nur auf den Schatten ist.
Kann man's begreifen? reimen? Kann man's fassen?

SOSIAS.

Behüte! Wer verlangt denn das von Euch?
Ins Tollhaus weis ich den, der sagen kann,
Daß er von dieser Sache was begreift.
Es ist gehauen nicht und nicht gestochen,

349

Ein Vorfall, koboldartig, wie ein Märchen,
Und dennoch *ist* es, wie das Sonnenlicht.
AMPHITRYON.
Falls man demnach fünf Sinne hat, wie glaubt man's.
SOSIAS.
Mein Seel! Es kostete die größte Pein mir,
So gut, wie Euch, eh ich es glauben lernte.
Ich hielt mich für besessen, als ich mich
Hier aufgepflanzt fand lärmend auf dem Platze,
Und einen Gauner schalt ich lange mich.
Jedoch zuletzt erkannt ich, mußt ich mich,
Ein Ich, so wie das andre, anerkennen.
Hier stand's, als wär die Luft ein Spiegel vor mir,
Ein Wesen völlig wie das meinige,
Von diesem Anstand, seht, und diesem Wuchse,
Zwei Tropfen Wasser sind nicht ähnlicher.
Ja, wär es nur geselliger gewesen,
Kein solcher mürr'scher Grobian, ich könnte,
Auf Ehre, sehr damit zufrieden sein.
AMPHITRYON.
Zu welcher Überwindung ich verdammt bin!
– Doch endlich, bist du nicht ins Haus gegangen?
SOSIAS.
Ins Haus! Was! Ihr seid gut! Auf welche Weise?
Litt ich's? Hört ich Vernunft an? Untersagt ich
Nicht eigensinnig stets die Pforte mir?
AMPHITRYON.
Wie? Was? Zum Teufel!
SOSIAS.
Wie? Mit einem Stocke,
Von dem mein Rücken noch die Spuren trägt.
AMPHITRYON.
So schlug man dich?
SOSIAS.
Und tüchtig.
AMPHITRYON.
Wer – wer schlug dich?
Wer unterstand sich das?

SOSIAS.

Ich.

AMPHITRYON.

Du? Dich schlagen?

SOSIAS.

Mein Seel, ja, ich! Nicht dieses Ich von hier,
Doch das vermaledeite Ich vom Hause,
Das wie fünf Ruderknechte schlägt.

AMPHITRYON.

Unglück verfolge dich, mit mir also zu reden!

SOSIAS.

Ich kann's Euch dartun, Herr, wenn Ihr's begehrt.
Mein Zeuge, mein glaubwürdiger, ist der
Gefährte meines Mißgeschicks, mein Rücken.
– Das Ich, das mich von hier verjagte, stand
Im Vorteil gegen mich; es hatte Mut
Und zwei geübte Arme, wie ein Fechter.

AMPHITRYON.

Zum Schlusse. Hast du meine Frau gesprochen?

SOSIAS.

Nein.

AMPHITRYON.

Nicht! Warum nicht?

SOSIAS.

Ei! Aus guten Gründen.

AMPHITRYON.

Und wer hat dich, Verräter, deine Pflicht
Verfehlen lassen? Hund, Nichtswürdiger!

SOSIAS.

Muß ich es zehn und zehnmal wiederholen?
Ich, hab ich Euch gesagt, dies Teufels-Ich,
Das sich der Türe dort bemächtigt hatte;
Das Ich, das das allein'ge Ich will sein;
Das Ich vom Hause dort, das Ich vom Stocke,
Das Ich, das mich halbtot geprügelt hat.

AMPHITRYON.

Es muß die Bestie getrunken haben,
Sich vollends um das bißchen Hirn gebracht.

SOSIAS.

Ich will des Teufels sein, wenn ich heut mehr
Als meine Portion getrunken habe.
Auf meinen Schwur, mein Seel, könnt Ihr mir glauben.

AMPHITRYON.

– So hast du dich unmäß'gem Schlaf vielleicht
Ergeben? – Vielleicht daß dir ein böser Traum
Den aberwitz'gen Vorfall vorgespiegelt,
Den du mir hier für Wirklichkeit erzählst –?

SOSIAS.

Nichts, nichts von dem. Ich schlief seit gestern nicht
Und hatt im Wald auch gar nicht Lust zu schlafen,
Ich war erwacht vollkommen, als ich eintraf,
Und sehr erwacht und munter war der andre
Sosias, als er mich so tüchtig walkte.

AMPHITRYON.

Schweig. Was ermüd ich mein Gehirn? Ich bin
Verrückt selbst, solchen Wischwasch anzuhören.
Unnützes, marklos-albernes Gewäsch,
In dem kein Menschensinn ist, und Verstand.
Folg mir.

SOSIAS *für sich.*

So ist's. Weil es aus meinem Munde kommt,
Ist's albern Zeug, nicht wert, daß man es höre.
Doch hätte sich ein Großer selbst zerwalkt,
So würde man Mirakel schrein.

AMPHITRYON.

Laß mir die Pforte öffnen. – Doch was seh ich?
Alkmene kommt. Es wird sie überraschen,
Denn freilich jetzt erwartet sie mich nicht.

Zweite Szene

Alkmene. Charis. Die Vorigen.

ALKMENE.

Komm, meine Charis. Laß den Göttern uns
Ein Opfer dankbar auf den Altar legen.
Laß ihren großen, heil'gen Schutz noch ferner
Mich auf den besten Gatten niederflehn.

Da sie den Amphitryon erblickt.

O Gott! Amphitryon!
AMPHITRYON.
　Der Himmel gebe,
　Daß meine Gattin nicht vor mir erschrickt,
　Nicht fürcht ich, daß nach dieser flücht'gen Trennung
　Alkmene minder zärtlich mich empfängt,
　Als ihr Amphitryon zurücke kehrt.
ALKMENE.
　So früh zurück –?
AMPHITRYON.
　Was! dieser Ausruf,
　Fürwahr, scheint ein zweideutig Zeichen mir,
　Ob auch die Götter jenen Wunsch erhört.
　Dies: »Schon so früh zurück!« ist der Empfang,
　Beim Himmel, nein! der heißen Liebe nicht.
　Ich Törichter! Ich stand im Wahn, daß mich
　Der Krieg zu lange schon von hier entfernt;
　Zu spät, war meine Rechnung, kehrt ich wieder.
　Doch du belehrst mich, daß ich mich geirrt,
　Und mit Befremden nehm ich wahr, daß ich
　Ein Überläst'ger aus den Wolken falle.
ALKMENE.
　Ich weiß nicht –
AMPHITRYON.
　Nein, Alkmene,
　Verzeih. Mit diesem Worte hast du Wasser
　Zu meiner Liebe Flammen hingetragen.
　Du hast, seit ich dir fern, die Sonnenuhr
　Nicht eines flücht'gen Blicks gewürdigt.
　Hier ward kein Flügelschlag der Zeit vernommen,
　Und unter rauschenden Vergnügen sind
　In diesem Schloß fünf abgezählte Monden
　Wie soviel Augenblicke hingeflohn.
ALKMENE.
　Ich habe Müh, mein teurer Freund, zu fassen,
　Worauf du diesen Vorwurf gründen magst.
　Beklagst du über meine Kälte dich,
　So siehst du mich verlegen, wie ich dich

Befried'gen soll. Ich denke gestern, als
Du um die Abenddämmrung mir erschienst,
Trug ich die Schuld, an welche du mich mahnst,
Aus meinem warmen Busen reichlich ab.
Kannst du noch mehr dir wünschen, mehr begehren,
So muß ich meine Dürftigkeit gestehn:
Ich gab dir wirklich alles, was ich hatte.

AMPHITRYON.

Wie?

ALKMENE.

Und du fragst noch! Flog ich gestern nicht,
Als du mich heimlich auf den Nacken küßtest,
Ich spann, ins Zimmer warst du eingeschlichen,
Wie aus der Welt entrückt, dir an die Brust?
Kann man sich inn'ger des Geliebten freun?

AMPHITRYON.

Was sagst du mir?

ALKMENE.

Was das für Fragen sind!
Du selber warst unmäß'ger Freude voll,
Dich so geliebt zu sehn; und als ich lachte,
Inzwischen mir die Träne floß, schwurst du
Mit seltsam schauerlichen Schwur mir zu,
Daß nie die Here so den Jupiter beglückt.

AMPHITRYON.

Ihr ew'gen Götter!

ALKMENE.

Drauf als der Tag erglühte,
Hielt länger dich kein Flehn bei mir zurück.
Auch nicht die Sonne wolltest du erwarten.
Du gehst, ich werfe mich aufs Lager nieder,
Heiß ist der Morgen, schlummern kann ich nicht,
Ich bin bewegt, den Göttern will ich opfern,
Und auf des Hauses Vorplatz treff ich dich!
Ich denke, Auskunft, traun, bist du mir schuldig,
Wenn deine Wiederkehr mich überrascht,
Bestürzt auch, wenn du willst; nicht aber ist
Ein Grund hier, mich zu schelten, mir zu zürnen.

AMPHITRYON.

Hat mich etwan ein Traum bei dir verkündet,
Alkmene? Hast du mich vielleicht im Schlaf
Empfangen, daß du wähnst, du habest mir
Die Forderung der Liebe schon entrichtet?

ALKMENE.

Hat dir ein böser Dämon das Gedächtnis
Geraubt, Amphitryon? hat dir vielleicht
Ein Gott den heitern Sinn verwirrt, daß du
Die keusche Liebe deiner Gattin, höhnend,
Von allem Sittlichen entkleiden willst?

AMPHITRYON.

Was? Mir wagst du zu sagen, daß ich gestern
Hier um die Dämmrung eingeschlichen bin?
Daß ich dir scherzend auf den Nacken – Teufel!

ALKMENE.

Was? Mir wagst du zu leugnen, daß du gestern
Hier um die Dämmrung eingeschlichen bist?
Daß du dir jede Freiheit hast erlaubt,
Die dem Gemahl mag zustehn über mich?

AMPHITRYON.

– Du scherzest. Laß zum Ernst uns wiederkehren,
Denn nicht an seinem Platz ist dieser Scherz.

ALKMENE.

Du scherzest. Laß zum Ernst uns wiederkehren,
Denn roh ist und empfindlich dieser Scherz.

AMPHITRYON.

– Ich hätte jede Freiheit mir erlaubt,
Die dem Gemahl mag zustehn über dich? –
War's nicht so? –

ALKMENE.

Geh, Unedelmütiger!

AMPHITRYON.

O Himmel! Welch ein Schlag trifft mich! Sosias!
Mein Freund!

SOSIAS.

Sie braucht fünf Grane Niesewurz;
In ihrem Oberstübchen ist's nicht richtig.

AMPHITRYON.

>Alkmene! Bei den Göttern! du bedenkst nicht,
>Was dies Gespräch für Folgen haben kann.
>Besinne dich. Versammle deine Geister.
>Fortan werd ich dir glauben, was du sagst.

ALKMENE.

>Was auch daraus erfolgt, Amphitryon,
>Ich will's, daß du mir glaubst, du sollst mich nicht
>So unanständ'gen Scherzes fähig wähnen.
>Sehr ruhig siehst du um den Ausgang mich.
>Kannst du im Ernst ins Angesicht mir leugnen,
>Daß du im Schlosse gestern dich gezeigt,
>Falls nicht die Götter fürchterlich dich straften,
>Gilt jeder andre schnöde Grund mir gleich.
>Den innern Frieden kannst du mir nicht stören,
>Und auch die Meinung, hoff ich, nicht der Welt:
>Den Riß bloß werd ich in der Brust empfinden,
>Daß mich der Liebste grausam kränken will.

AMPHITRYON.

>Unglückliche! Welch eine Sprach! – Und auch
>Schon die Beweise hast du dir gefunden?

ALKMENE.

>Ist es erhört? die ganze Dienerschaft
>Ist, dieses Schlosses, Zeuge mir; es würden
>Die Steine mir, die du betratst, die Bäume,
>Die Hunde, die deine Knie umwendeten,
>Von dir mir Zeugnis reden, wenn sie könnten.

AMPHITRYON.

>Die ganze Dienerschaft? Es ist nicht möglich!

ALKMENE.

>Soll ich, du Unbegreiflicher, dir den
>Beweis jetzt geben, den entscheidenden?
>Von wem empfing ich diesen Gürtel hier?

AMPHITRYON.

>Was, einen Gürtel? du? Bereits? Von mir?

ALKMENE.

>Das Diadem, sprachst du, des Labdakus,
>Den du gefällt hast in der letzten Schlacht.

AMPHITRYON.

Verräter dort! Was soll ich davon denken?

SOSIAS.

Laßt mich gewähren. Das sind schlechte Kniffe,
Das Diadem halt ich mit meinen Händen.

AMPHITRYON.

Wo?

SOSIAS.

Hier.

Er zieht ein Kästchen aus der Tasche.

AMPHITRYON.

Das Siegel ist noch unverletzt!

Er betrachtet den Gürtel an Alkmenes Brust.

Und gleichwohl – trügen mich nicht alle Sinne –

Zu Sosias.

Schnell öffne mir das Schloß.

SOSIAS.

Mein Seel, der Platz ist leer.
Der Teufel hat es wegstipitzt, es ist
Kein Diadem des Labdakus zu finden.

AMPHITRYON.

O ihr allmächt'gen Götter, die die Welt
Regieren! Was habt ihr über mich verhängt?

SOSIAS.

Was über Euch verhängt ist? Ihr seid doppelt,
Amphitryon vom Stock ist hier gewesen,
Und glücklich schätz ich Euch, bei Gott –

AMPHITRYON.

Schweig Schlingel!

ALKMENE *zu Charis.*

Was kann in aller Welt ihn so bewegen?
Warum ergreift Bestürzung ihn, Entgeisterung,
Bei dieses Steines Anblick, den er kennt?

AMPHITRYON.

Ich habe sonst von Wundern schon gehört,
Von unnatürlichen Erscheinungen, die sich

Aus einer andern Welt hieher verlieren;
Doch heute knüpft der Faden sich von jenseits
An meine Ehre und erdrosselt sie.
ALKMENE *zu Amphitryon.*
Nach diesem Zeugnis, sonderbarer Freund,
Wirst du noch leugnen, daß du mir erschienst
Und daß ich meine Schuld schon abgetragen?
AMPHITRYON.
Nein; doch du wirst den Hergang mir erzählen.
ALKMENE.
Amphitryon!
AMPHITRYON.
Du hörst, ich zweifle nicht.
Man kann dem Diadem nicht widersprechen.
Gewisse Gründe lassen bloß mich wünschen,
Daß du umständlich die Geschichte mir
Von meinem Aufenthalt im Schloß erzählst.
ALKMENE.
Mein Freund, du bist doch krank nicht?
AMPHITRYON.
Krank – krank nicht.
ALKMENE.
Vielleicht daß eine Sorge dir des Krieges
Den Kopf beschwert, dir, die zudringliche,
Des Geistes heitre Tätigkeit befangen? –
AMPHITRYON.
Wahr ist's. Ich fühle mir den Kopf benommen.
ALKMENE.
Komm, ruhe dich ein wenig aus.
AMPHITRYON.
Laß mich.
Es drängt nicht. Wie gesagt, es ist mein Wunsch,
Eh ich das Haus betrete, den Bericht
Von dieser Ankunft gestern – anzuhören.
ALKMENE.
Die Sach ist kurz. Der Abend dämmerte,
Ich saß in meiner Klaus und spann, und träumte
Bei dem Geräusch der Spindel mich ins Feld,
Mich unter Krieger, Waffen hin, als ich

Ein Jauchzen an der fernen Pforte hörte.

AMPHITRYON.

Wer jauchzte?

ALKMENE.

Unsre Leute.

AMPHITRYON.

Nun?

ALKMENE.

Es fiel
Mir wieder aus dem Sinn, auch nicht im Traume
Gedacht ich noch, welch eine Freude mir
Die guten Götter aufgespart, und eben
Nahm ich den Faden wieder auf, als es
Jetzt zuckend mir durch alle Glieder fuhr.

AMPHITRYON.

Ich weiß.

ALKMENE.

Du weißt es schon.

AMPHITRYON.

Darauf?

ALKMENE.

Darauf
Ward viel geplaudert, viel gescherzt, und stets
Verfolgten sich und kreuzten sich die Fragen.
Wir setzten uns – und jetzt erzähltest du
Mit kriegerischer Rede mir, was bei
Pharissa jüngst geschehn, mir von dem Labdakus,
Und wie er in die ew'ge Nacht gesunken
– Und jeden blut'gen Auftritt des Gefechts.
Drauf – ward das prächt'ge Diadem mir zum
Geschenk, das einen Kuß mich kostete;
Viel bei dem Schein der Kerze ward's betrachtet
– Und einem Gürtel gleich verband ich es,
Den deine Hand mir um den Busen schlang.

AMPHITRYON *für sich*.

Kann man, frag ich, den Dolch lebhafter fühlen?

ALKMENE.

Jetzt ward das Abendessen aufgetragen,
Doch weder du noch ich beschäftigten

Uns mit dem Ortolan, der vor uns stand,
Noch mit der Flasche viel, du sagtest scherzend,
Daß du von meiner Liebe Nektar lebtest,
Du seist ein Gott, und was die Lust dir sonst,
Die ausgelaßne, in den Mund dir legte.

AMPHITRYON.

– Die ausgelaßne in den Mund mir legte!

ALKMENE.

– Ja, in den Mund dir legte. Nun – hierauf –
Warum so finster, Freund?

AMPHITRYON.

Hierauf jetzt –?

ALKMENE.

Standen
Wir von der Tafel auf; und nun –

AMPHITRYON.

Und nun?

ALKMENE.

Nachdem wir von der Tafel aufgestanden –

AMPHITRYON.

Nachdem ihr von der Tafel aufgestanden –

ALKMENE.

So gingen –

AMPHITRYON.

Ginget –

ALKMENE.

Gingen wir – – – nun ja!
Warum steigt solche Röt ins Antlitz dir?

AMPHITRYON.

O dieser Dolch, er trifft das Leben mir!
Nein, nein, Verräterin, ich war es nicht!
Und wer sich gestern um die Dämmerung
Hier eingeschlichen als Amphitryon,
War der nichtswürdigste der Lotterbuben!

ALKMENE.

Abscheulicher!

AMPHITRYON.

Treulose! Undankbare! –
Fahr hin jetzt Mäßigung, und du, die mir

Bisher der Ehre Fordrung lähmtest, Liebe,
Erinnrung fahrt, und Glück und Hoffnung hin,
Fortan in Wut und Rache will ich schwelgen.
ALKMENE.
Fahr hin auch du, unedelmüt'ger Gatte,
Es reißt das Herz sich blutend von dir los.
Abscheulich ist der Kunstgriff, er empört mich.
Wenn du dich einer andern zugewendet,
Bezwungen durch der Liebe Pfeil, es hätte
Dein Wunsch, mir würdig selbst vertraut, so schnell dich
Als diese feige List zum Ziel geführt.
Du siehst entschlossen mich das Band zu lösen,
Das deine wankelmüt'ge Seele drückt;
Und ehe noch der Abend sich verkündet,
Bist du befreit von allem, was dich bindet.
AMPHITRYON.
Schmachvoll, wie die Beleid'gung ist, die sich
Mir zugefügt, ist dies das mindeste, 359
Was meine Ehre blutend fordern kann.
Daß ein Betrug vorhanden ist, ist klar,
Wenn meine Sinn auch das fluchwürdige
Gewebe noch nicht fassen. Zeugen doch
Jetzt ruf ich, die es mir zerreißen sollen.
Ich rufe deinen Bruder mir, die Feldherrn,
Das ganze Heer mir der Thebaner auf,
Aus deren Mitt ich eher nicht gewichen,
Als mit des heut'gen Morgens Dämmerstrahl.
Dann werd ich auf des Rätsels Grund gelangen,
Und Wehe! ruf ich, wer mich hintergangen!
SOSIAS.
Herr, soll ich etwa –?
AMPHITRYON.
Schweig, ich will nichts wissen.
Du bleibst, und harrst auf diesem Platze mein.

Ab.

CHARIS.
Befehlt Ihr Fürstin?

ALKMENE.

Schweig, ich will nichts wissen,
Verfolg mich nicht, ich will ganz einsam sein.

Ab.

Dritte Szene

Charis. Sosias.

CHARIS.

Was das mir für ein Auftritt war! Er ist
Verrückt, wenn er behaupten kann, daß er
Im Lager die verfloßne Nacht geschlafen. –
Nun wenn der Bruder kommt, so wird sich's zeigen.

SOSIAS.

Dies ist ein harter Schlag für meinen Herrn.
– Ob mir wohl etwas Ähnliches beschert ist?
Ich muß ein wenig auf den Strauch ihr klopfen.

CHARIS *für sich.*

Was gibt's? Er hat die Unverschämtheit dort,
Mir maulend noch den Rücken zuzukehren.

SOSIAS.

Es läuft, mein Seel, mir übern Rücken, da ich
Den Punkt, den kitzlichen, berühren soll.
Ich möchte fast den Vorwitz bleibenlassen,
Zuletzt ist's doch so lang wie breit,
Wenn man's nur mit dem Licht nicht untersucht. –
Frisch auf, der Wurf soll gelten, wissen muß ich's!
– Helf dir der Himmel Charis!

CHARIS.

Was? du nahst mir noch,
Verräter? Was? du hast die Unverschämtheit,
Da ich dir zürne, keck mich anzureden?

SOSIAS.

Nun, ihr gerechten Götter, sag, was hast denn du?
Man grüßt sich doch, wenn man sich wieder sieht.
Wie du gleich über nichts die Fletten sträubst.

CHARIS.

Was nennst du über nichts? Was nennst du nichts?
Was nennst du über nichts? Unwürd'ger! Was?

SOSIAS.

Ich nenne nichts, die Wahrheit dir zu sagen,
Was nichts in Prosa wie in Versen heißt,
Und nichts, du weißt, ist ohngefähr so viel,
Wie nichts, versteh mich, oder nur sehr wenig –

CHARIS.

Wenn ich nur wüßte, was die Hände mir
Gebunden hält. Es kribbelt mir, daß ich's
Kaum mäß'ge, dir die Augen auszukratzen,
Und was ein wütend Weib ist, dir zu zeigen.

SOSIAS.

Ei, so bewahr der Himmel mich, was für ein Anfall!

CHARIS.

Nichts also nennst du, nichts mir das Verfahren,
Das du dir schamlos gegen mich erlaubt?

SOSIAS.

Was denn erlaubt ich mir? Was ist geschehn?

CHARIS.

Was mir geschehn? Ei seht! Den Unbefangenen!
Er wird mir jetzo, wie sein Herr, behaupten,
Daß er noch gar in Theben nicht gewesen.

SOSIAS.

Was das betrifft, mein Seel! Da sag ich dir,
Daß ich nicht den Geheimnisvollen spiele.
Wir haben einen Teufelswein getrunken,
Der die Gedanken rein uns weggespült.

CHARIS.

Meinst du, mit diesem Pfiff mir zu entkommen?

SOSIAS.

Nein Charis. Auf mein Wort. Ich will ein Schuft sein,
Wenn ich nicht gestern schon hier angekommen.
Doch weiß ich nichts von allem, was geschehn,
Die ganze Welt war mir ein Dudelsack.

CHARIS.

Du wüßtest nicht mehr, wie du mich behandelt,
Da gestern abend du ins Haus getreten?

SOSIAS.

Der Henker hol es! Nicht viel mehr, als nichts.
Erzähl's, ich bin ein gutes Haus, du weißt,

361

Ich werd mich selbst verdammen, wenn ich fehlte.
CHARIS.

 Unwürdiger! Es war schon Mitternacht,
 Und längst das junge Fürstenpaar zur Ruhe,
 Als du noch immer in Amphitryons
 Gemächern weiltest, deine Wohnung noch
 Mit keinem Blick gesehn. Es muß zuletzt
 Dein Weib sich selber auf die Strümpfe machen,
 Dich aufzusuchen, und was find ich jetzt?
 Wo find ich jetzt dich, Pflichtvergessener?
 Hin auf ein Kissen find ich dich gestreckt,
 Als ob du, wie zu Haus, hier hingehörtest.
 Auf meine zartbekümmerte Beschwerde,
 Hat dies dein Herr, Amphitryon, befohlen,
 Du sollst die Reisestunde nicht verschlafen,
 Er denke früh von Theben aufzubrechen,
 Und was dergleichen faule Fische mehr.
 Kein Wort, kein freundliches, von deinen Lippen.
 Und da ich jetzt mich niederbeuge, liebend,
 Zu einem Kusse, wendest du, Halunke,
 Der Wand dich zu, ich soll dich schlafen lassen.
SOSIAS.

 Brav, alter, ehrlicher Sosias!
CHARIS.

 Was?
 Ich glaube gar du lobst dich noch? Du lobst dich?
SOSIAS.

 Mein Seel, du mußt es mir zugute halten.
 Ich hatte Meerrettich gegessen, Charis,
 Und hatte recht, den Atem abzuwenden.
CHARIS.

 Ei was! Ich hätte nichts davon gespürt,
 Wir hatten auch zu Mittag Meerrettich.
SOSIAS.

 Mein Seel. Das wußt ich nicht. Man merkt's dann nicht.
CHARIS.

 Du kömmst mit diesen Schlichen mir nicht durch.
362 Früh oder spät wird die Verachtung sich,
 Mit der ich mich behandelt sehe, rächen.

Es wurmt mich, ich verwind es nicht, was ich
Beim Anbruch hier des Tages hören mußte,
Und ich benutze dir die Freiheit noch,
Die du mir gabst, so wahr ich ehrlich bin.
SOSIAS.
Welch eine Freiheit hab ich dir gegeben?
CHARIS.
Du sagtest mir und warst sehr wohl bei Sinnen,
Daß dich ein Hörnerschmuck nicht kümmern würde,
Ja daß du sehr zufrieden wärst, wenn ich
Mit dem Thebaner mir die Zeit vertriebe,
Der hier, du weißt's, mir auf der Fährte schleicht.
Wohlan, mein Freund, dein Wille soll geschehn.
SOSIAS.
Das hat ein Esel dir gesagt, nicht ich.
Spaß hier beiseit. Davon sag ich mich los.
Du wirst in diesem Stück vernünftig sein.
CHARIS.
Kann ich es gleichwohl über mich gewinnen?
SOSIAS.
Still jetzt, Alkmene kommt, die Fürstin.

Vierte Szene

Alkmene. Die Vorigen.

ALKMENE.
Charis!
Was ist mir, Unglücksel'gen, widerfahren?
Was ist geschehn mir, sprich? Sieh dieses Kleinod.
CHARIS.
Was ist dies für ein Kleinod, meine Fürstin?
ALKMENE.
Das Diadem ist es, des Labdakus,
Das teure Prachtgeschenk Amphitryons,
Worauf sein Namenszug gegraben ist.
CHARIS.
Dies? Dies das Diadem des Labdakus?
Hier ist kein Namenszug Amphitryons.

ALKMENE.

Unselige, so bist du sinnberaubt?
Hier stünde nicht, daß man's mit Fingern läse,
Mit großem, goldgegrabnen Zug ein A?

CHARIS.

Gewiß nicht, beste Fürstin. Welch ein Wahn?
Hier steht ein andres fremdes Anfangszeichen.
Hier steht ein J.

ALKMENE.

Ein J?

CHARIS.

Ein J.
Man irrt nicht.

ALKMENE.

Weh mir sodann! Weh mir! Ich bin verloren.

CHARIS.

Was ist's, erklärt mir, das Euch so bewegt?

ALKMENE.

Wie soll ich Worte finden, meine Charis,
Das Unerklärliche dir zu erklären?
Da ich bestürzt mein Zimmer wieder finde,
Nicht wissend, ob ich wache, ob ich träume,
Wenn sich die rasende Behauptung wagt,
Daß mir ein anderer erschienen sei;
Da ich gleichwohl den heißen Schmerz erwäg
Amphitryons, und dies sein letztes Wort,
Er geh den eignen Bruder, denke dir!
Den Bruder wider mich zum Zeugnis aufzurufen;
Da ich jetzt frage, hast du wohl geirrt?
Denn einen äfft der Irrtum doch von beiden,
Nicht ich, nicht er, sind einer Tücke fähig;
Und jener doppelsinn'ge Scherz mir jetzt
Durch das Gedächtnis zuckt, da der Geliebte,
Amphitryon, ich weiß nicht, ob du's hörtest,
Mir auf Amphitryon den Gatten schmähte,
Wie Schaudern jetzt, Entsetzen mich ergreift
Und alle Sinne treulos von mir weichen, –
Faß ich, o du Geliebte, diesen Stein,
Das einzig, unschätzbare, teure Pfand,

Das ganz untrüglich mir zum Zeugnis dient.
Jetzt faß ich's, will den werten Namenszug,
Des lieben Lügners eignen Widersacher,
Bewegt an die entzückten Lippen drücken:
Und einen andern fremden Zug erblick ich,
Und wie vom Blitz steh ich gerührt – ein J!
CHARIS.
Entsetzlich! solltet Ihr getäuscht Euch haben?
ALKMENE.
Ich mich getäuscht!
CHARIS.
Hier in dem Zuge, mein ich.

ALKMENE.
Ja in dem Zug meinst du – so scheint es fast.
CHARIS.
Und also –?
ALKMENE.
Was und also –?
CHARIS.
Beruhigt Euch.
Es wird noch alles sich zum Guten wenden.
ALKMENE.
O Charis! – Eh will ich irren in mir selbst!
Eh will ich dieses innerste Gefühl,
Das ich am Mutterbusen eingesogen,
Und das mir sagt, daß ich Alkmene bin,
Für einen Partner oder Perser halten.
Ist diese Hand mein? Diese Brust hier mein?
Gehört das Bild mir, das der Spiegel strahlt?
Er wäre fremder mir, als ich! Nimm mir
Das Aug, so hör ich ihn; das Ohr, ich fühl ihn;
Mir das Gefühl hinweg, ich atm ihn noch;
Nimm Aug und Ohr, Gefühl mir und Geruch,
Mir alle Sinn und gönne mir das Herz:
So läßt du mir die Glocke, die ich brauche,
Aus einer Welt noch find ich ihn heraus.
CHARIS.
Gewiß! Wie konnt ich auch nur zweifeln, Fürstin?
Wie könnt ein Weib in solchem Falle irren?

Man nimmt ein falsches Kleid, ein Hausgerät,
Doch einen Mann greift man im Finstern.
Zudem, ist er uns allen nicht erschienen?
Empfing ihn freudig an der Pforte nicht
Das ganze Hofgesind, als er erschien?
Tag war es noch, hier müßten tausend Augen
Mit Mitternacht bedeckt gewesen sein.
ALKMENE.
Und gleichwohl dieser wunderliche Zug!
Warum fiel solch ein fremdes Zeichen mir,
Das kein verletzter Sinn verwechseln kann,
Warum nicht auf den ersten Blick mir auf?
Wenn ich zwei solche Namen, liebste Charis,
Nicht unterscheiden kann, sprich, können sie
Zwei Führern, ist es möglich, eigen sein,
Die leichter nicht zu unterscheiden wären?
CHARIS.
Ihr seid doch sicher, hoff ich, beste Fürstin? –
ALKMENE.
Wie meiner reinen Seele! Meiner Unschuld!
Du müßtest denn die Regung mir mißdeuten,
Daß ich ihn schöner niemals fand, als heut.
Ich hätte für sein Bild ihn halten können,
Für sein Gemälde, sieh, von Künstlershand,
Dem Leben treu, ins Göttliche verzeichnet.
Er stand, ich weiß nicht, vor mir, wie im Traum,
Und ein unsägliches Gefühl ergriff
Mich meines Glücks, wie ich es nie empfunden,
Als er mir strahlend, wie in Glorie, gestern
Der hohe Sieger von Pharissa nahte.
Er war's, Amphitryon, der Göttersohn!
Nur schien er selber einer schon mir der
Verherrlichten, ich hätt ihn fragen mögen,
Ob er mir aus den Sternen niederstiege.
CHARIS.
Einbildung, Fürstin, das Gesicht der Liebe.
ALKMENE.
Ach, und der doppeldeut'ge Scherz, o Charis,
Der immer wiederkehrend zwischen ihm

Und dem Amphitryon mir unterschied.
War er's, dem ich zu eigen mich gegeben,
Warum stets den Geliebten nannt er sich,
Den Dieb nur, welcher bei mir nascht? Fluch mir,
Die ich leichtsinnig diesem Scherz gelächelt,
Kam er mir aus des Gatten Munde nicht.

CHARIS.
Quält Euch mit übereiltem Zweifel nicht.
Hat nicht Amphitryon den Zug selbst anerkannt?
Als Ihr ihm heut das Diadem gezeigt?
Gewiß, hier ist ein Irrtum, beste Fürstin.
Wenn dieses fremde Zeichen ihn nicht irrte,
So folgt, daß es dem Steine eigen ist,
Und Wahn hat *gestern* uns getäuscht, geblendet;
Doch *heut* ist alles, wie es soll.

ALKMENE.
Und wenn er's flüchtig nur betrachtet hätte,
Und jetzt mit allen Feldherrn wiederkehrte,
Und die Behauptung rasend wiederholte,
Daß er die Schwelle noch des Hauses nicht betrat!
Nicht nur entblößt bin ich von *jedem* Zeugnis,
Ein Zeugnis *wider mich* ist dieser Stein.
Was kann ich, ich Verwirrte, dem entgegnen?
Wohin rett ich vor Schmerz mich, vor Vernichtung,
Wenn der Verdacht der Männer ihn geprüft?
Muß ich nicht eingestehn, daß dieser Zug
Der Namenszug nicht des Amphitryon?
Nicht eingestehn, daß ein Geschenk mir nicht
Mit fremden Zeichen von ihm kommen kann?
Ja, schwör ich auf den Altar gleich, daß er
Mir das Gestein selbst gestern überreicht,
Bin ich wohl sicher, sprich, daß ich auch gestern
Das *Zeichen*, das hier steht, von ihm empfing?

CHARIS.
Faßt Euch. Hier ist er selbst. Jetzt wird sich's lösen.

Fünfte Szene

Jupiter. Die Vorigen.

ALKMENE.
　　Mein Herr und mein Gemahl! Vergönne mir,
　　Daß ich dir knieend dieses Kleinod reiche.
　　Ich lege treu mein Leben dir zu Füßen,
　　Hast du mir diesen Stein, betracht ihn wohl,
　　Mit eines fremden Namens Zug gegeben,
　　So küß ich ihn vor Lust und wein auf ihn;
　　Gabst du ihn nicht, und leugnest du ihn mir,
　　Verleugnest ihn, so sei der Tod mein Los
　　Und ew'ge Nacht begrabe meine Schmach.

JUPITER.
　　Mein schönes Weib! Werd ich den Stein ergreifen,
　　Da solch ein Wert vor mir im Staube liegt.
　　Erhebe dich. Was willst du? Fasse dich.

ALKMENE.
　　Mein zuversichtlich Wort hat dich beleidigt,
　　Ich fühlte damals schuldlos mich und stark.
　　Doch seit ich diesen fremden Zug erblickt,
　　Will ich dem innersten Gefühl mißtrauen:
　　Ich glaub's – daß mir – ein anderer – erschienen,
　　Wenn es dein Mund mir noch versichern kann.

JUPITER.
　　Mein großes Weib! Wie sehr beschämst du mich.
　　Welch eine Lüg ist deiner Lipp entflohen?
　　Wie könnte dir ein anderer erscheinen?
　　Wer nahet dir, o du, vor deren Seele
　　Nur stets des Ein- und Ein'gen Züge stehn?
　　Du bist, du Heilige, vor jedem Zutritt
　　Mit diamantnem Gürtel angetan.
　　Auch selbst der Glückliche, den du empfängst,
　　Entläßt dich schuldlos noch und rein, und alles,
　　Was sich dir nahet, ist Amphitryon.

ALKMENE.
　　O mein Gemahl! Kannst du mir gütig sagen,
　　Warst du's, warst du es nicht? O sprich! du warst's!

JUPITER.

Ich war's. Sei's wer es wolle. Sei – sei ruhig,
Was du gesehn, gefühlt, gedacht, empfunden,
War ich: wer wäre außer mir, Geliebte?
Wer deine Schwelle auch betreten hat,
Mich immer hast du, Teuerste, empfangen,
Und für jedwede Gunst, die du ihm schenktest,
Bin ich dein Schuldner, und ich danke dir.

ALKMENE.

Nein, mein Amphitryon, hier irrst du dich.
Jetzt lebe wohl auf ewig, du Geliebter,
Auf diesen Fall war ich gefaßt.

JUPITER.

Alkmene!

ALKMENE.

Leb wohl! Leb wohl!

JUPITER.

Was denkst du?

ALKMENE.

Fort, fort, fort –

JUPITER.

Mein Augenstern!

ALKMENE.

Geh, sag ich.

JUPITER.

Höre mich.

ALKMENE.

Ich will nichts hören, leben will ich nicht,
Wenn nicht mein Busen mehr unsträflich ist.

JUPITER.

Mein angebet Weib, was sprichst du da?
Was könntest du, du Heilige, verbrechen?
Und wär ein Teufel gestern dir erschienen,
Und hätt er Schlamm der Sünd, durchgeiferten,
Aus Höllentiefen über dich geworfen,
Den Glanz von meines Weibes Busen nicht
Mit einem Makel fleckt er! Welch ein Wahn!

ALKMENE.

Ich Schändlich-Hintergangene!

JUPITER.
Er war
Der Hintergangene, mein Abgott! *Ihn*
Hat seine böse Kunst, nicht dich getäuscht,
Nicht dein unfehlbares Gefühl! Wenn er
In seinem Arm dich wähnte, lagst du an
Amphitryons geliebter Brust, wenn er
Von Küssen träumte, drücktest du die Lippe
Auf des Amphitryon geliebten Mund.
O einen Stachel trägt er, glaub es mir,
Den aus dem liebeglühnden Busen ihm
Die ganze Götterkunst nicht reißen kann.
ALKMENE.
Daß ihn Zeus mir zu Füßen niederstürzte!
O Gott! Wir müssen uns auf ewig trennen.
JUPITER.
Mich fester hat der Kuß, den du ihm schenktest,
Als alle Lieb an dich, die je für mich
Aus deinem Busen loderte, geknüpft.
Und könnt ich aus der Tage fliehndem Reigen
Den gestrigen, sieh, liebste Frau, so leicht
Wie eine Dohl aus Lüften niederstürzen,
Nicht um olymp'sche Seligkeit wollt ich,
Um Zeus' unsterblich Leben, es nicht tun.
ALKMENE.
Und ich, zehn Toden reicht ich meine Brust.
Geh! Nicht in deinem Haus siehst du mich wieder.
Du zeigst mich keiner Frau in Hellas mehr.
JUPITER.
Dem ganzen Kreise der Olympischen,
Alkmene! – Welch ein Wort? Dich in die Schar
Glanzwerfend aller Götter führ ich ein.
Und wär ich Zeus, wenn du dem Reigen nahtest,
Die ew'ge Here müßte vor dir aufstehn,
Und Artemis, die strenge, dich begrüßen.
ALKMENE.
Geh, deine Güt erdrückt mich. Laß mich fliehn.
JUPITER.
Alkmene!

369

ALKMENE.

Laß mich.

JUPITER.

Meiner Seelen Weib!

ALKMENE.

Amphitryon, du hörst's! Ich will jetzt fort.

JUPITER.

Meinst du, dich diesem Arme zu entwinden?

ALKMENE.

Amphitryon, ich will's, du sollst mich lassen.

JUPITER.

Und flöhst du über ferne Länder hin,
Dem scheußlichen Geschlecht der Wüste zu,
Bis an den Strand des Meeres folgt ich dir,
Ereilte dich, und küßte dich, und weinte,
Und höbe dich in Armen auf, und trüge
Dich im Triumph zu meinem Bett zurück.

ALKMENE.

Nun dann, weil du's so willst, so schwör ich dir,
Und rufe mir der Götter ganze Schar,
Des Meineids fürchterliche Rächer auf:
Eh will ich meiner Gruft, als diesen Busen,
Solang er atmet, deinem Bette nahn.

JUPITER.

Den Eid, kraft angeborner Macht, zerbrech ich
Und seine Stücken werf ich in die Lüfte.
Es war kein Sterblicher, der dir erschienen,
Zeus selbst, der Donnergott, hat dich besucht.

ALKMENE.

Wer?

JUPITER.

Jupiter.

ALKMENE.

Wer, Rasender, sagst du?

JUPITER.

Er, Jupiter, sag ich.

ALKMENE.

Er Jupiter?
Du wagst, Elender –?

JUPITER.

Jupiter sagt ich,
Und wiederhol's. Kein anderer, als er,
Ist in verfloßner Nacht erschienen dir.

ALKMENE.

Du zeihst, du wagst es, die Olympischen
Des Frevels, Gottvergeßner, der verübt ward?

JUPITER.

Ich zeihe Frevels die Olympischen?
Laß solch ein Wort nicht, Unbesonnene,
Aus deinem Mund mich wieder hören.

ALKMENE.

Ich solch ein Wort nicht mehr –? Nicht Frevel wär's –?

JUPITER.

Schweig, sag ich, ich befehl's.

ALKMENE.

Verlorner Mensch!

JUPITER.

Wenn du empfindlich für den Ruhm nicht bist,
Zu den Unsterblichen die Staffel zu ersteigen,
Bin ich's: und du vergönnst mir, es zu sein.
Wenn du Kallisto nicht, die herrliche,
Europa auch und Leda nicht beneidest,
Wohlan, ich sag's, ich neide Tyndarus,
Und wünsche Söhne mir, wie Tyndariden.

ALKMENE.

Ob ich Kallisto auch beneid? Europa?
Die Frauen, die verherrlichten, in Hellas?
Die hohen Auserwählten Jupiters?
Bewohnerinnen ew'gen Ätherreichs?

JUPITER.

Gewiß! Was solltest du sie auch beneiden?
Du, die gesättigt völlig von dem Ruhm,
Den einen Sterblichen zu Füßen dir zu sehn.

ALKMENE.

Was das für unerhörte Reden sind!
Darf ich auch den Gedanken nur mir gönnen?
Würd ich vor solchem Glanze nicht versinken?
Würd ich, wär er's gewesen, noch das Leben

In diesem warmen Busen freudig fühlen?
Ich, solcher Gnad Unwürdg'? Ich, Sünderin?
JUPITER.

Ob du der Gnade wert, ob nicht, kömmt nicht
Zu prüfen *dir* zu. Du wirst über dich,
Wie er dich würdiget, ergehen lassen.
Du unternimmst, Kurzsicht'ge, ihn zu meistern,
Ihn, der der Menschen Herzen kennt?
ALKMENE.

Gut, gut, Amphitryon. Ich verstehe dich,
Und deine Großmut rührt mich bis zu Tränen,
Du hast dies Wort, ich weiß es, hingeworfen,
Mich zu zerstreun – doch meine Seele kehrt
Zu ihrem Schmerzgedanken wiederum zurück.
Geh du, mein lieber Liebling, geh, mein Alles,
Und find ein andres Weib dir, und sei glücklich,
Und laß des Lebens Tage mich durchweinen,
Daß ich dich nicht beglücken darf.
JUPITER.

Mein teures Weib! Wie rührst du mich?
Sieh doch den Stein, den du in Händen hältst.
ALKMENE.

Ihr Himmlischen, schützt mich vor Wahn!
JUPITER.

Ist's nicht sein Nam. Und war's nicht gestern meiner?
Ist hier nicht Wunder alles, was sich zeigt?
Hielt ich nicht heut dies Diadem noch in
Versiegeltem Behältnis eingeschlossen?
Und da ich's öffne, dir den Schmuck zu reichen,
Find ich die leere Spur nicht in der Wolle?
Seh ich's nicht glänzend an der Brust dir schon?
ALKMENE.

So soll's die Seele denken? Jupiter?
Der Götter ew'ger, und der Menschen, Vater?
JUPITER.

Wer könnte dir die augenblickliche
Goldwaage der Empfindung so betrügen?
Wer so die Seele dir, die weibliche,
Die so vielgliedrig fühlend um sich greift,

So wie das Glockenspiel der Brust umgehn,
Das von dem Atem lispelnd schon erklingt?
ALKMENE.

Er selber! Er!
JUPITER.

Nur die Allmächt'gen mögen
So dreist, wie dieser Fremdling, dich besuchen,
Und solcher Nebenbuhler triumphier ich!
Gern mag ich sehn, wenn die Allwissenden
Den Weg zu deinem Herzen finden, gern,
Wenn die Allgegenwärtigen dir nahn:
Und müssen nicht sie selber noch, Geliebte,
Amphitryon sein, und seine Züge stehlen,
Wenn deine Seele sie empfangen soll?
ALKMENE.

Nun ja.

Sie küßt ihn.

JUPITER.

Du Himmlische!
ALKMENE.

Wie glücklich bin ich!
Und o wie gern, wie gern noch bin ich glücklich!
Wie gern will ich den Schmerz empfunden haben,
Den Jupiter mir zugefügt,
Bleibt mir nur alles freundlich wie es war.
JUPITER.

Soll ich dir sagen, was ich denke?
ALKMENE.

Nun?
JUPITER.

Und was, wenn Offenbarung uns nicht wird,
So gar geneigt zu glauben ich mich fühle?
ALKMENE.

Nun? Und? du machst mir bang –
JUPITER.

Wie, wenn du seinen
Unwillen – du erschrickst dich nicht, gereizt?

ALKMENE.

Ihn? Ich? gereizt?

JUPITER.

Ist er dir wohl vorhanden?
Nimmst du die Welt, sein großes Werk, wohl wahr?
Siehst du ihn in der Abendröte Schimmer,
Wenn sie durch schweigende Gebüsche fällt?
Hörst du ihn beim Gesäusel der Gewässer,
Und bei dem Schlag der üpp'gen Nachtigall?
Verkündet nicht umsonst der Berg ihn dir
Getürmt gen Himmel, nicht umsonst ihn dir
Der felszerstiebten Katarakten Fall?
Wenn hoch die Sonn in seinen Tempel strahlt
Und von der Freude Pulsschlag eingeläutet,
Ihn alle Gattungen Erschaffner preisen,
Steigst du nicht in des Herzens Schacht hinab
Und betest deinen Götzen an?

ALKMENE.

Entsetzlicher! Was sprichst du da? Kann man
Ihn frömmer auch, und kindlicher, verehren?
Verglüht ein Tag, daß ich an seinem Altar
Nicht für mein Leben dankend, und dies Herz,
Für dich auch du Geliebter, niedersänke?
Warf ich nicht jüngst noch in gestirnter Nacht
Das Antlitz tief, inbrünstig, vor ihm nieder,
Anbetung, glühnd, wie Opferdampf, gen Himmel
Aus dem Gebrodel des Gefühls entsendend?

JUPITER.

Weshalb *warfst* du aufs Antlitz dich? – War's nicht,
Weil in des Blitzes zuckender Verzeichnung
Du einen wohlbekannten Zug erkannt?

ALKMENE.

Mensch! Schauerlicher! Woher weißt du das?

JUPITER.

Wer ist's, dem du an seinem Altar betest?
Ist er's dir wohl, der über Wolken ist?
Kann dein befangner Sinn ihn wohl erfassen?
Kann dein Gefühl, an seinem Nest gewöhnt,
Zu solchem Fluge wohl die Schwingen wagen.

Ist's nicht Amphitryon, der Geliebte stets,
Vor welchem du im Staube liegst?

ALKMENE.

Ach, ich Unsel'ge, wie verwirrst du mich.
Kann man auch Unwillkürliches verschulden?
Soll ich zur weißen Wand des Marmors beten?
Ich brauche Züge nun, um ihn zu denken.

JUPITER.

Siehst du? Sagt ich es nicht? Und meinst du nicht, daß solche
Abgötterei ihn kränkt? Wird er wohl gern
Dein schönes Herz entbehren? Nicht auch gern
Von dir sich innig angebetet fühlen?

ALKMENE.

Ach, freilich wird er das. Wo ist der Sünder,
Dess' Huld'gung nicht den Göttern angenehm.

JUPITER.

Gewiß! Er kam, *wenn* er dir niederstieg,
Dir nur, um dich zu *zwingen* ihn zu denken,
Um sich an dir, Vergessenen, zu *rächen.*

ALKMENE.

Entsetzlich!

JUPITER.

Fürchte nichts. Er straft nicht mehr dich,
Als du verdient. Doch künftig wirst du immer
Nur ihn, versteh, der dir zu Nacht erschien,
An seinem Altar denken, und nicht mich.

ALKMENE.

Wohlan! Ich schwör's dir heilig zu! Ich weiß
Auf jede Miene, wie er ausgesehn,
Und werd ihn nicht mit dir verwechseln.

JUPITER.

Das tu. Sonst wagst du, daß er wiederkömmt.
Sooft du seinen Namenszug erblickst,
Dem Diadem verzeichnet, wirst du seiner
Erscheinung auf das innigste gedenken;
Dich der Begebenheit auf jeden Zug erinnern;
Erinnern, wie vor dem Unsterblichen
Der Schreck am Rocken dich durchzuckt; wie du
Das Kleinod von ihm eingetauscht; wer dir

374

Beim Gürten hülfreich war, und was
Beim Ortolan geschehn. Und stört dein Gatte dich,
So bittest du ihn freundlich, daß er dich
Auf eine Stunde selbst dir überlasse.

ALKMENE.
Gut, gut, du sollst mit mir zufrieden sein.
Es soll in jeder ersten Morgenstunde
Auch kein Gedanke fürder an dich denken:
Jedoch nachher vergeß ich Jupiter.

JUPITER.
Wenn also jetzt in seinem vollen Glanze,
Gerührt durch so viel Besserung,
Der ewg' Erschütterer der Wolken sich dir zeigte,
Geliebte! sprich, wie würdest du dich fassen?

ALKMENE.
Ach, der furchtbare Augenblick! hätt ich
Doch immer ihn gedacht nur beim Altar,
Da er so wenig von dir unterschieden.

JUPITER.
Du sahst noch sein unsterblich Antlitz nicht,
Alkmene. Ach, es wird das Herz vor ihm
In tausendfacher Seligkeit dir aufgehn.
Was du ihm fühlen wirst, wird Glut dir dünken,
Und Eis, was du Amphitryon empfindest.
Ja, wenn er deine Seele jetzt berührte,
Und zum Olymp nun scheidend wiederkehrt,
So wirst du das Unglaubliche erfahren,
Und weinen, daß du ihm nicht folgen darfst.

ALKMENE.
Nein, nein, das glaube nicht, Amphitryon.
Und könnt ich einen Tag zurücke leben,
Und mich vor allen Göttern und Heroen
In meine Klause riegelfest verschließen,
So willigt ich –

JUPITER.
Wahrhaftig? tätst du das?

ALKMENE.
So willigt ich von ganzem Herzen ein.

JUPITER *für sich.*

375   Verflucht der Wahn, der mich hieher gelockt!

ALKMENE.

Was ist dir? zürnst du? Kränkt ich dich, Geliebter?

JUPITER.

Du wolltest ihm, mein frommes Kind,
Sein ungeheures Dasein nicht versüßen?
Ihm deine Brust verweigern, wenn sein Haupt,
Das weltenordnende, sie sucht,
Auf seinen Flaumen auszuruhen? Ach Alkmene!
Auch der Olymp ist öde ohne Liebe.
Was gibt der Erdenvölker Anbetung
Gestürzt in Staub, der Brust, der lechzenden?
Er will geliebt sein, nicht ihr Wahn von ihm.
In ew'ge Schleier eingehüllt,
Möcht er sich selbst in einer Seele spiegeln,
Sich aus der Träne des Entzückens widerstrahlen.
Geliebte, sieh! So viele Freude schüttet
Er zwischen Erd und Himmel endlos aus;
Wärst du vom Schicksal nun bestimmt
So vieler Millionen Wesen Dank,
Ihm seine ganze Fordrung an die Schöpfung
In einem einz'gen Lächeln auszuzahlen,
Würdst du dich ihm wohl – ach! ich kann's nicht denken,
Laß mich's nicht denken – laß –

ALKMENE.

Fern sei von mir,
Der Götter großem Ratschluß mich zu sträuben.
Ward ich so heil'gem Amte auserkoren,
Er, der mich schuf, er walte über mich,
Doch –

JUPITER.

Nun? –

ALKMENE.

Läßt man die Wahl mir –

JUPITER.

Läßt man dir –?

ALKMENE.

Die Wahl, so bliebe meine Ehrfurcht ihm,

Und meine Liebe dir, Amphitryon.
JUPITER.
Wenn ich nun dieser Gott dir wär –?
ALKMENE.
Wenn du
– Wie ist mir denn? Wenn du mir dieser Gott wärst
– – Ich weiß nicht, soll ich vor dir niederfallen,
Soll ich es nicht? Bist du's mir? Bist du's mir?

JUPITER.
Entscheide du. Amphitryon bin ich.
ALKMENE.
Amphitryon –
JUPITER.
Amphitryon, dir ja.
Doch wenn ich, frag ich, dieser Gott dir wäre,
Dir liebend vom Olymp herabgestiegen,
Wie würdest du dich dann zu fassen wissen?
ALKMENE.
Wenn du mir, Liebster, dieser Gott wärst – ja,
So wüßt ich nicht, wo mir Amphitryon wäre,
So würd ich folgen dir, wohin du gehst,
Und wär's auch, wie Eurydike, zum Orkus.
JUPITER.
Wenn du nicht wüßtest, wo Amphitryon wäre.
Doch wie, wenn sich Amphitryon jetzt zeigte?
ALKMENE.
Wenn sich Amphitryon mir – ach, du quälst mich.
Wie kann sich auch Amphitryon mir zeigen,
Da ich Amphitryon in Armen halte?
JUPITER.
Und dennoch könntst du leicht den Gott in Armen halten,
Im Wahn, es sei Amphitryon.
Warum soll dein Gefühl dich überraschen?
Wenn ich, der Gott, dich hier umschlungen hielte,
Und jetzo dein Amphitryon sich zeigte,
Wie würd dein Herz sich wohl erklären?
ALKMENE.
Wenn du, der Gott, mich hier umschlungen hieltest
Und jetzo sich Amphitryon mir zeigte,

Ja – dann so traurig würd ich sein, und wünschen,
Daß er der Gott mir wäre, und daß du
Amphitryon mir bliebst, wie du es bist.

JUPITER.
Mein süßes, angebetetes Geschöpf!
In dem so selig ich mich, selig preise!
So urgemäß, dem göttlichen Gedanken,
In Form und Maß, und Sait und Klang,
Wie's meiner Hand Äonen nicht entschlüpfte!

ALKMENE.
Amphitryon!

JUPITER.
Sei ruhig, ruhig, ruhig!
Es wird sich alles dir zum Siege lösen.
377 Es drängt den Gott Begier, sich dir zu zeigen,
Und ehe noch des Sternenheeres Reigen
Herauf durchs stille Nachtgefilde zieht,
Weiß deine Brust auch schon, wem sie erglüht –
Sosias!

SOSIAS.
Herr!

JUPITER.
Auf jetzt, mein treuer Diener,
Auf daß sich dieser Tag verherrliche!
Alkmene hat sich liebend mir versöhnt:
Und du, du gehst, und rufst zu einem Feste
Im Lager mir, wo du sie triffst, die Gäste.

Beide ab.

Sechste Szene

Charis. Sosias.

CHARIS *für sich.*
Was hast du da gehört, Unselige?
Olymp'sche Götter wären es gewesen?
Und der sich für Sosias hier mir gibt,
Der wäre einer der Unsterblichen,
Apollon, Hermes, oder Ganymed?

SOSIAS *für sich.*

Der Blitzgott! Zeus soll es gewesen sein.

CHARIS *für sich.*

Pfui, schäme dich, wie du dich aufgeführt.

SOSIAS *für sich.*

Mein Seel, er war nicht schlecht bedient.
Ein Kerl, der seinen Mann stund, und sich
Für seinen Herrn schlug, wie ein Panthertier.

CHARIS *für sich.*

Wer weiß auch, irr ich nicht. Ich muß ihn prüfen.

Laut.

Komm, laß uns Frieden machen auch, Sosias.

SOSIAS.

Ein andermal. Jetzt ist nicht Zeit dazu.

CHARIS.

Wo gehst du hin?

SOSIAS.

Ich soll die Feldherrn rufen.

CHARIS.

Vergönne mir ein Wort vorher, mein Gatte.

SOSIAS.

Dein Gatte –? Oh, recht gern.

CHARIS.

Hast du gehört,
Daß in der Dämmerung zu meiner Fürstin gestern,
Und ihrer treuen Dienerin,
Zwei große Götter vom Olymp gestiegen,
Daß Zeus, der Gott der Wolken, hier gewesen,
Und Phöbus ihn, der herrliche, begleitet?

SOSIAS.

Ja wenn's noch wahr ist. Leider hört ich's, Charis.
Dergleichen Heirat war mir stets zuwider.

CHARIS.

Zuwider? Warum das? Ich wüßte nicht –

SOSIAS.

Hm! Wenn ich dir die Wahrheit sagen soll,
Es ist wie Pferd und Esel.

378

CHARIS.

Pferd und Esel!
Ein Gott und eine Fürstin!

Für sich.

Der auch kömmt
Wohl vom Olymp nicht.

Laut.

Du beliebst
Mit deiner schlechten Dienerin zu scherzen.
Solch ein Triumph, wie über uns gekommen,
Ward noch in Theben nicht erhört.

SOSIAS.

Mir für mein Teil, schlecht ist er mir bekommen.
Und ein gemeßnes Maß von Schande wär mir
So lieb, als die verteufelten Trophäen,
Die mir auf beiden Schultern prangen. –
Doch ich muß eilen.

CHARIS.

Ja, was ich sagen wollte –
Wer träumte, solche Gäste zu empfangen?
Wer glaubte in der schlechten Menschen Leiber
Zwei der Unsterblichen auch eingehüllt.
Gewiß, wir hätten manche gute Seite,
Die unachtsam zu Innerst blieb, mehr hin
Nach außen wenden können, als geschehn ist.

SOSIAS.

Mein Seel, das hätt ich brauchen können, Charis.
Denn du bist zärtlich gegen mich gewesen,
Wie eine wilde Katze. Beßre dich.

CHARIS.

Ich wüßte nicht, daß ich dich just beleidigt?
Dir mehr getan als sich –

SOSIAS.

Mich nicht beleidigt?
Ich will ein Schuft sein, wenn du heute morgen
Nicht Prügel, so gesalzene verdient,
Als je herab sind auf ein Weib geregnet.

CHARIS.

Nun was – Was ist geschehen denn?

SOSIAS.

Was geschehn ist,

Maulaffe? Hast du nicht gesagt, du würdest

Dir den Thebaner holen, den ich jüngst

Schon, den Halunken, aus dem Hause warf?

Nicht mir ein Hörnerpaar versprochen? Nicht

Mich einen Hahnrei schamlos tituliert?

CHARIS.

Ei, Scherz! Gewiß!

SOSIAS.

Ja, Scherz! Kömmst du

Mit diesem Scherz mir wieder, prell ich dir,

Hol mich der Teufel, eins –!

CHARIS.

O Himmel! Wie geschieht mir?

SOSIAS.

Der Saupelz!

CHARIS.

Blicke nicht so grimmig her!

Das Herz in Stücken fühl ich mir zerspalten!

SOSIAS.

Pfui, schäme dich, du Gotteslästerliche!

So deiner heil'gen Ehepflicht zu spotten!

Geh mach dich solcher Sünd nicht mehr teilhaftig,

Das rat ich dir – und wenn ich wiederkomme,

Will ich gebratne Wurst mit Kohlköpf' essen.

CHARIS.

Was du begehrst: Was säum ich auch noch länger?

Was zaudr ich noch? Ist er's nicht? Ist er's nicht?

SOSIAS.

Ob ich es bin?

CHARIS.

Sieh mich in Staub.

SOSIAS.

Was fehlt dir?

CHARIS.

Sieh mich zerknirscht vor dir im Staube liegen.

SOSIAS.

Bist du von Sinnen?

CHARIS.

Ach du bist's! du bist's!

SOSIAS.

Wer bin ich?

CHARIS.

Ach was leugnest du dich mir.

SOSIAS.

Ist heute alles rasend toll?

CHARIS.

Sah ich
Aus deines Auges Flammenzorne nicht
Den fernhintreffenden Apollon strahlen?

SOSIAS.

380 Apollon, ich? bist du des Teufels? – Der eine
Macht mich zum Hund, der andre mich zum Gott? –
Ich bin der alte, wohlbekannte Esel
Sosias!

Ab.

CHARIS.

Sosias? Was? Der alte,
Mir wohlbekannte Esel du, Sosias?
Halunke, gut, daß ich das weiß,
So wird die Bratwurst heute dir nicht heiß.

381 *Ab.*

Dritter Akt

Erste Szene

AMPHITRYON.
Wie widerlich mir die Gesichter sind
Von diesen Feldherrn. Jeder hat mir Glückwunsch
Für das erfochtne Treffen abzustatten,
Und in die Arme schließen muß ich jeden,
Und in die Hölle jeden fluch ich hin.
Nicht einer, dem ein Herz geworden wäre,
Das meine, volle, darin auszuschütten.
Daß man ein Kleinod aus versiegeltem
Behältnis wegstiehlt ohne Siegellösung,
Sei's; Taschenspieler können uns von fern
Hinweg, was wir in Händen halten, gaunern.
Doch daß man einem Mann Gestalt und Art
Entwendet, und bei seiner Frau für voll bezahlt,
Das ist ein leid'ges Höllenstück des Satans.
In Zimmern, die vom Kerzenlicht erhellt,
Hat man bis heut mit fünf gesunden Sinnen
In seinen Freunden nicht geirret; Augen,
Aus ihren Höhlen auf den Tisch gelegt,
Von Leib getrennte Glieder, Ohren, Finger,
Gepackt in Schachteln, hätten hingereicht,
Um einen Gatten zu erkennen. Jetzo wird man
Die Ehemänner brennen, Glocken ihnen,
Gleich Hämmeln um die Hälse hängen müssen.
Zu argen Trug ist sie so fähig just,
Wie ihre Turteltaub; eh will ich an
Die Redlichkeit dem Strick entlaufner Schelme,
Als an die Tücke dieses Weibes glauben.
– Verrückt ist sie, und morgen, wenn der Tag graut,
Werd ich gewiß nach Ärzten schicken müssen.
– Fänd nur Gelegenheit sich, anzuknüpfen.

382

Zweite Szene

Merkur auf dem Altan. Amphitryon.

MERKUR *für sich.*

Auf dies verliebte Erdenabenteuer
Dir, alter Vater Jupiter, zu folgen,
Es ist ein wahres Freundschaftsstück Merkurs.
Beim Styx! Mir macht's von Herzen Langeweile.
Denn jener Zofe Charis täuschender
Als es vonnöten, den Gemahl zu spielen,
So groß in dieser Sach ist nicht mein Eifer.
– Ich will mir hier ein Abenteuer suchen,
Und toll den eifersücht'gen Kauz dort machen.

AMPHITRYON.

Warum verriegelt man am Tage denn dies Haus?

MERKUR.

Holla! Geduld! Wer klopfet?

AMPHITRYON.

Ich.

MERKUR.

Wer? Ich!

AMPHITRYON.

Ah! Öffne!

MERKUR.

Öffne! Tölpel! Wer denn bist du,
Der solchen Lärm verführt, und so mir spricht?

AMPHITRYON.

Ich glaub du kennst mich nicht?

MERKUR.

O ja;
Ich kenne jeden der die Klinke drückt.
– Ob ich ihn kenne!

AMPHITRYON.

Hat ganz Theben heut
Tollwurz gefressen, den Verstand verloren? –
Sosias! he! Sosias!

MERKUR.

Ja, Sosias!
So heiß ich. Schreit der Schuft nicht meinen Namen,

Als ob er sorgt', ich möcht ihn sonst vergessen.

AMPHITRYON.

Gerechte Götter! Mensch! Siehst du mich nicht?

MERKUR.

Vollkommen.

Was gibt's?

AMPHITRYON.

Halunke! Was es gibt?

MERKUR.

Was gibt's denn nicht,
Zum Teufel? Sprich, soll man dir Rede stehn.

AMPHITRYON.

Du Hundsfott wart! Mit einem Stock da oben
Lehr ich dich, solche Sprache mit mir führen.

MERKUR.

Ho, ho! Da unten ist ein ungeschliffner Riegel.
Nimm's nicht für ungut.

AMPHITRYON.

Teufel!

MERKUR.

Fasse dich.

AMPHITRYON.

Heda! Ist niemand hier zu Hause?

MERKUR.

Philippus! Charmion! Wo steckt ihr denn!

AMPHITRYON.

Der Niederträchtige!

MERKUR.

Man muß dich doch bedienen.
Doch harrst du in Geduld nicht, bis sie kommen,
Und rührst mir noch ein einzigs Mal
Den Klöpfel an, so schick ich von hier oben
Dir eine sausende Gesandtschaft zu.

AMPHITRYON.

Der Freche! Der Schamlose, der! Ein Kerl,
Den ich mit Füßen oft getreten; ich,
Wenn mir die Lust kommt, kreuz'gen lassen könnte. –

MERKUR.

Nun? bist du fertig? Hast du mich besehen?

Hast du mit deinen stieren Augen bald
Mich ausgemessen? Wie er auf sie reißt!
Wenn man mit Blicken um sich beißen könnte,
Er hätte mich bereits zerrissen hier.

AMPHITRYON.
Ich zittre selbst, Sosias, wenn ich denke,
Was du mit diesen Reden dir bereitest.
Wie viele Schläg entsetzlich warten dein!
– Komm, steig herab, und öffne mir.

MERKUR.
Nun endlich!

AMPHITRYON.
384   Laß mich nicht länger warten, ich bin dringend.

MERKUR.
Erfährt man doch, was dein Begehren ist.
Ich soll die Pforte unten öffnen?

AMPHITRYON.
Ja.

MERKUR.
Nun gut. Das kann man auch mit Gutem sagen.
Wen suchst du?

AMPHITRYON.
Wen ich suche?

MERKUR.
Wen du suchst,
Zum Teufel! bist du taub? Wen willst du sprechen?

AMPHITRYON.
Wen ich will sprechen? Hund! ich trete alle Knochen
Dir ein, wenn sich das Haus mir öffnet.

MERKUR.
Freund, weißt du was? Ich rat dir, daß du gehst.
Du reizest mir die Galle. Geh, geh, sag ich.

AMPHITRYON.
Du sollst, du Niederträchtiger, erfahren,
Wie man mit einem Knecht verfährt,
Der seines Herren spottet.

MERKUR.
Seines Herrn?
Ich spotte meines Herrn? Du wärst mein Herr? –

AMPHITRYON.

Jetzt hör ich noch, daß er's mir leugnet.

MERKUR.

Ich kenne
Nur einen, und das ist Amphitryon.

AMPHITRYON.

Und wer ist außer mir Amphitryon,
Triefäug'ger Schuft, der Tag und Nacht verwechselt?

MERKUR.

Amphitryon?

AMPHITRYON.

Amphitryon, sag ich.

MERKUR.

Ha, ha! O ihr Thebaner, kommt doch her.

AMPHITRYON.

Daß mich die Erd entrafft'! Solch eine Schmach!

MERKUR.

Hör, guter Freund dort! Nenn mir doch die Kneipe
Wo du so selig dich gezecht?

AMPHITRYON.

O Himmel!

MERKUR.

War's junger oder alter Wein?

AMPHITRYON.

Ihr Götter!

MERKUR.

Warum nicht noch ein Gläschen mehr? Du hättest
Zum König von Ägypten dich getrunken!

AMPHITRYON.

Jetzt ist es aus mit mir.

MERKUR.

Geh, lieber Junge,
Du tust mir leid. Geh, lege dich aufs Ohr.
Hier wohnt Amphitryon, Thebanerfeldherr,
Geh, störe seine Ruhe nicht.

AMPHITRYON.

Was? dort im Hause wär Amphitryon?

MERKUR.

Hier in dem Hause ja, er und Alkmene.

Geh, sag ich noch einmal, und hüte dich
Das Glück der beiden Liebenden zu stören,
Willst du nicht, daß er selber dir erscheine,
Und deine Unverschämtheit strafen soll.

Ab.

Dritte Szene

AMPHITRYON.
Was für ein Schlag fällt dir, Unglücklicher!
Vernichtend ist er, es ist aus mit mir.
Begraben bin ich schon, und meine Witwe
Schon einem andern Ehgemahl verbunden.
Welch ein Entschluß ist jetzo zu ergreifen?
Soll ich die Schande, die mein Haus getroffen,
Der Welt erklären, soll ich sie verschweigen?
Was! Hier ist nichts zu schonen. Hier ist nichts
In dieser Ratsversammlung laut, als die
Empfindung nur, die glühende, der Rache,
Und meine einz'ge zarte Sorgfalt sei,
Daß der Verräter lebend nicht entkomme.

Vierte Szene

Sosias. Feldherren. Amphitryon.

SOSIAS.
Hier seht Ihr alles Herr, was ich an Gästen
In solcher Eil zusammenbringen konnte.
Mein Seel, speis ich auch nicht an Eurer Tafel,
Das Essen hab ich doch verdient.
AMPHITRYON.
386   Ah sieh! da bist du.
SOSIAS.
Nun?
AMPHITRYON.
Hund! Jetzo stirbst du.
SOSIAS.
Ich? Sterben?

AMPHITRYON.

Jetzt erfährst du, wer ich bin.

SOSIAS.

Zum Henker, weiß ich's nicht?

AMPHITRYON.

Du wußtest es, Verräter?

Er legt die Hand an den Degen.

SOSIAS.

Ihr Herren, nehmt euch meiner an, ich bitt euch.

ERSTER FELDHERR.

Verzeiht!

Er fällt ihm in den Arm.

AMPHITRYON.

Laßt mich.

SOSIAS.

Sagt nur, was ich verbrochen?

AMPHITRYON.

Das fragst du noch? – Fort, sag ich euch, laßt meiner
Gerechten Rache ein Genüge tun.

SOSIAS.

Wenn man wen hängt, so sagt man ihm, warum?

ERSTER FELDHERR.

Seid so gefällig.

ZWEITER FELDHERR.

Sagt, worin er fehlte.

SOSIAS.

Halt't euch, ihr Herrn, wenn ihr so gut sein wollt.

AMPHITRYON.

Was! Dieser weggeworfne Knecht soeben
Hielt vor dem Antlitz mir die Türe zu.
Schamlose Red' in Strömen auf mich sendend,
Jedwede wert, daß man ans Kreuz ihn nagle.
Stirb, Hund!

SOSIAS.

Ich bin schon tot.

Er sinkt in die Knie.

ERSTER FELDHERR.

Beruhigt Euch.

SOSIAS.

Ihr Feldherrn! Ah!

ZWEITER FELDHERR.

Was gibt's?

SOSIAS.

Sticht er nach mir?

AMPHITRYON.

Fort sag ich euch, und wieder! Ihm muß Lohn
Dort, vollgezählter, werden für die Schmach,
Die er zur Stunde jetzt mir zugefügt.

SOSIAS.

Was kann ich aber jetzt verschuldet haben,
Da ich die letzten neun gemeßnen Stunden
Auf Eueren Befehl im Lager war?

ERSTER FELDHERR.

Wahr ist's. Er lud zu Eurer Tafel uns.
Zwei Stunden sind's, daß er im Lager war,
Und nicht aus unsern Augen kam.

AMPHITRYON.

Wer gab dir den Befehl?

SOSIAS.

Wer? Ihr! Ihr selbst!

AMPHITRYON.

Wann? Ich!

SOSIAS.

Nachdem Ihr mit Alkmenen Euch versöhnt.
Ihr wart voll Freud und ordnet sogleich
Ein Fest im ganzen Schlosse an.

AMPHITRYON.

O Himmel! Jede Stunde, jeder Schritt
Führt tiefer mich ins Labyrinth hinein.
Was soll ich, meine Freunde, davon denken?
Habt ihr gehört, was hier sich zugetragen?

ERSTER FELDHERR.

Was hier uns dieser sagte, ist so wenig
Für das Begreifen noch gemacht, daß Eure Sorge
Für jetzt nur sein muß, dreisten Schrittes

Des Rätsels ganzes Trugnetz zu zerreißen.
AMPHITRYON.
Wohlan, es sei! Und eure Hülfe brauch ich.
Euch hat mein guter Stern mir zugeführt.
Mein Glück will ich, mein Lebensglück, versuchen.
Oh! hier im Busen brennt's, mich aufzuklären,
Und ach! ich fürcht es, wie den Tod.

Er klopft.

Fünfte Szene

Jupiter. Die Vorigen.

JUPITER.
Welch ein Geräusch zwingt mich, herabzusteigen?
Wer klopft ans Haus? Seid ihr es, meine Feldherrn?
AMPHITRYON.
Wer bist du? Ihr allmächt'gen Götter!
ZWEITER FELDHERR.
Was seh ich? Himmel! Zwei Amphitryonen.
AMPHITRYON.
Starr ist vor Schrecken meine ganze Seele!
Weh mir! Das Rätsel ist nunmehr gelöst.
ERSTER FELDHERR.
Wer von euch beiden ist Amphitryon?
ZWEITER FELDHERR.
Fürwahr! Zwei so einander nachgeformte Wesen,
Kein menschlich Auge unterscheidet sie.
SOSIAS.
Ihr Herrn, hier ist Amphitryon, der andre,
Ein Schubiack ist's, der Züchtigung verdient.

Er stellt sich auf Jupiters Seite.

DRITTER FELDHERR *auf Amphitryon deutend.*
Unglaublich! Dieser ein Verfälscher hier?
AMPHITRYON.
Gnug der unwürdigen Bezauberung!
Ich schließe das Geheimnis auf.

Er legt die Hand an den Degen.

ERSTER FELDHERR.

   Halt!

AMPHITRYON.

   Laßt mich!

ZWEITER FELDHERR.

   Was beginnt Ihr?

AMPHITRYON.

   Strafen will ich

   Den niederträchtigsten Betrug! Fort, sag ich.

JUPITER.

   Fassung dort. Hier bedarf es nicht des Eifers,

   Wer so besorgt um seinen Namen ist,

   Wird schlechte Gründe haben, ihn zu führen.

SOSIAS.

   Das sag ich auch. Er hat den Bauch

   Sich ausgestopft, und das Gesicht bemalt,

   Der Gauner, um dem Hausherrn gleich zu sehn.

AMPHITRYON.

   Verräter! Dein empörendes Geschwätz,

   Dreihundert Peitschenhiebe strafen es,

   Dir von drei Armen wechselnd zugeteilt.

SOSIAS.

   Ho, ho! Mein Herr ist Mann von Herz,

   Der wird dich lehren seine Leute schlagen.

AMPHITRYON.

   Wehrt mir nicht länger, sag ich, meine Schmach

   In des Verräters Herzblut abzuwaschen.

ERSTER FELDHERR.

   Verzeiht uns, Herr! Wir dulden diesen Kampf nicht,

   Amphitryons mit dem Amphitryon.

AMPHITRYON.

   Was? Ihr – Ihr duldet nicht –?

ERSTER FELDHERR.

389   Ihr müßt Euch fassen.

AMPHITRYON.

   Ist das mir eure Freundschaft auch, ihr Feldherrn?

   Das mir der Beistand, den ihr angelobt?

   Statt meiner Ehre Rache selbst zu nehmen,

   Ergreift ihr des Betrügers schnöde Sache,

Und hemmt des Racheschwerts gerechten Fall?
ERSTER FELDHERR.
Wär Euer Urteil frei, wie es nicht ist,
Ihr würdet unsre Schritte billigen.
Wer von euch beiden ist Amphitryon?
Ihr seid es, gut; doch jener ist es auch.
Wo ist des Gottes Finger, der uns zeigte,
In welchem Busen, einer wie der andre,
Sich laurend das Verräterherz verbirgt?
Ist es erkannt, so haben wir, nicht zweifelt,
Das Ziel auch unsrer Rache aufgefunden.
Jedoch solang des Schwertes Schneide hier
In blinder Wahl nur um sich wüten könnte,
Bleibt es gewiß noch besser in der Scheide.
Laßt uns in Ruh die Sache untersuchen,
Und fühlt Ihr wirklich Euch Amphitryon,
Wie wir in diesem sonderbaren Falle
Zwar hoffen, aber auch bezweifeln müssen,
So wird es schwerer Euch, als ihm, nicht werden,
Uns diesen Umstand gültig zu beweisen.
AMPHITRYON.
Ich euch den Umstand? –
ERSTER FELDHERR.
Und mit trift'gen Gründen.
Eh wird in dieser Sache nichts geschehn.
JUPITER.
Recht hast du, Photidas; und diese Gleichheit,
Die zwischen uns sich angeordnet findet,
Entschuldigt dich, wenn mir dein Urteil wankt.
Ich zürne nicht, wenn zwischen mir und ihm
Hier die Vergleichung an sich stellen soll.
Nichts von des Schwerts feigherziger Entscheidung.
Ganz Theben denk ich selber zu berufen,
Und in des Volks gedrängtester Versammlung,
Aus wessen Blut ich stamme, darzutun.
Er selber dort soll meines Hauses Adel,
Und daß ich Herr in Theben, anerkennen.
Vor mir in Staub, das Antlitz soll er senken.
Mein soll er Thebens reiche Felder alle,

390

Mein alle Herden, die die Triften decken,
Mein auch dies Haus, mein die Gebieterin,
Die still in seinen Räumen waltet, nennen.
Es soll der ganze Weltenkreis erfahren,
Daß keine Schmach Amphitryon getroffen.
Und den Verdacht, den jener Tor erregt,
Hier steht, wer ihn zuschanden machen kann. –
Bald wird sich Theben hier zusammenfinden.
Indessen kommt und ehrt die Tafel gütigst,
Zu welcher euch Sosias eingeladen.
SOSIAS.
Mein Seel, ich wußt es wohl. – Dies Wort, ihr Herrn,
Streut allen weitern Zweifel in die Lüfte.
Der ist der wirkliche Amphitryon,
Bei dem zu Mittag jetzt gegessen wird.
AMPHITRYON.
Ihr ew'gen und gerechten Götter!
Kann auch so tief ein Mensch erniedrigt werden?
Von dem verruchtesten Betrüger mir
Weib, Ehre, Herrschaft, Namen stehlen lassen!
Und Freunde binden mir die Hände?
ERSTER FELDHERR.
Ihr müßt, wer Ihr auch seid, Euch noch gedulden.
In wenig Stunden wissen wir's. Alsdann
Wird ungesäumt die Rache sich vollstrecken,
Und Wehe! ruf ich, wen sie trifft.
AMPHITRYON.
Geht, ihr Schwachherz'gen! Huldigt dem Verräter!
Mir bleiben noch der Freunde mehr, als ihr.
Es werden Männer noch in Theben mir begegnen,
Die meinen Schmerz im Busen mitempfinden,
Und nicht den Arm mir weigern, ihn zu rächen.
JUPITER.
Wohlan! Du rufst sie. Ich erwarte sie.
AMPHITRYON.
Marktschreierischer Schelm! Du wirst inzwischen
Dich durch die Hintertür zu Felde machen.
Doch meiner Rach entfliehst du nicht!

391

JUPITER.

Du gehst, und rufst, und bringst mir deine Freunde,
Nachher sag ich zwei Worte, jetzo nichts.

AMPHITRYON.

Beim Zeus, da sagst du wahr, dem Gott der Wolken!
Denn ist es mir bestimmt, dich aufzufinden,
Mehr als zwei Worte, Mordhund, sagst du nicht,
Und bis ans Heft füllt dir das Schwert den Rachen.

JUPITER.

Du rufst mir deine Freund; ich sag auch nichts,
Ich sprech auch bloß mit Blicken, wenn du willst.

AMPHITRYON.

Fort, jetzo, schleunig, eh er mir entwischt!
Die Lust, ihr Götter, müßt ihr mir gewähren,
Ihn eurem Orkus heut noch zuzusenden!
Mit einer Schar von Freunden kehr ich wieder,
Gewaffneter, die mir dies Haus umnetzen,
Und, einer Wespe gleich, drück ich den Stachel
Ihm in die Brust, aussaugend, daß der Wind
Mit seinem trocknen Bein mir spielen soll.

Ab.

Sechste Szene

Jupiter. Sosias. Die Feldherrn.

JUPITER.

Auf denn, ihr Herrn, gefällt's euch! Ehrt dies Haus
Mit eurem Eintritt.

ERSTER FELDHERR.

Nun, bei meinem Eid!
Dies Abenteur macht meinen Witz zuschanden.

SOSIAS.

Jetzt schließt mit dem Erstaunen Waffenstillstand,
Und geht, und tischt, und pokuliert bis morgen.

Jupiter und die Feldherrn ab.   392

Siebente Szene

SOSIAS.

Wie ich mich jetzt auch auf den Stuhl will setzen!
Und wie ich tapfer,
Wenn man vom Kriege spricht, erzählen will.
Ich brenne, zu berichten, wie man bei
Pharissa eingehauen; und mein Lebtag
Hatt ich noch so wolfmäß'gen Hunger nicht.

Achte Szene

Merkur. Sosias.

MERKUR.

Wohin? Ich glaub, du steckst die Nase auch hierher?
Durchschnüffler, unverschämter, du, der Küchen?
SOSIAS.

Nein! – Mit Erlaubnis!
MERKUR.

Fort! Hinweg dort, sag ich!
Soll ich die Haube dir zurechte setzen?
SOSIAS.

Wie? Was? Großmütiges und edles Ich,
Faß dich! Verschon ein wenig den Sosias,
Sosias! Wer wollte immer bitterlich
Erpicht sein, auf sich selber loszuschlagen?
MERKUR.

Du fällst in deine alten Tücken wieder?
Du nimmst, Nichtswürdiger, den Namen mir?
Den Namen des Sosias mir?
SOSIAS.

Ei, was! Behüt mich Gott, mein wackres Selbst,
Werd ich so karg dir, so mißgünstig sein?
Nimm ihn, zur Hälfte, diesen Namen hin,
Nimm ihn, den Plunder, willst du's, nimm ihn ganz.
Und wär's der Name Kastor oder Pollux,
Was teilt ich gern nicht mit dir, Bruderherz?
Ich dulde dich in meines Herren Hause,
Duld auch du mich in brüderlicher Liebe,

Und während jene beiden eifersücht'gen
Amphitryonen sich die Hälse brechen,
Laß die Sosias einverständig beide
Zu Tische sitzen, und die Becher heiter
Zusammenstoßen, daß sie leben sollen!

MERKUR.

Nichts, nichts! – Der aberwitz'ge Vorschlag der!
Soll ich inzwischen Hungerpfoten saugen?
Es ist für einen nur gedeckt.

SOSIAS.

Gleichviel! *Ein* mütterlicher Schoß hat uns
Geboren, *eine* Hütte uns beschirmt,
In *einem* Bette haben wir geschlafen,
Ein Kleid ward brüderlich, *ein* Los uns beiden,
So laß uns auch aus *einer* Schüssel essen.

MERKUR.

Von der Gemeinschaft weiß ich nichts. Ich bin
Von Jugend mutterseel' allein gewesen,
Und weder Bette hab ich je, noch Kleid,
Noch einen Bissen Brot geteilt.

SOSIAS.

Besinne dich. Wir sind zwei Zwillingsbrüder.
Du bist der ältre, ich bescheide mich.
Du wirst in jedem Stück voran mir gehen.
Den ersten nimmst du, und die ungeraden,
Den zweiten Löffel, und die graden, ich.

MERKUR.

Nichts. Meine volle Portion gebrauch ich,
Und was mir übrig bleibt, das heb ich auf.
Den wollt ich lehren, bei den großen Göttern,
Der mit der Hand mir auf den Teller käme.

SOSIAS.

So dulde mich als deinen Schatten mindstens,
Der hintern Stuhl entlang fällt, wo du ißt.

MERKUR.

Auch nicht als meine Spur im Sande! Fort!

SOSIAS.

O du barbarisch Herz! Du Mensch von Erz,
Auf einem Amboß keilend ausgeprägt!

MERKUR.

Was denkst du, soll ich wie ein wandernder
Geselle vor dem Tor ins Gras mich legen,
Und von der blauen Luft des Himmels leben?
Ein reichlich zugemeßnes Mahl hat heut
Bei Gott! kein Pferd so gut verdient, als ich.
Kam ich zu Nacht nicht aus dem Lager an?
Mußt ich zurück nicht wieder mit dem Morgen,
Um Gäste für die Tafel aufzutreiben?
Hab ich auf diesen Teufelsreisen mir
Nicht die geschäft'gen alten Beine fast
Bis auf die Hüften tretend abgelaufen?
Wurst gibt es heut, und aufgewärmten Kohl.
Und die just brauch ich, um mich herzustellen.

SOSIAS.

Da hast du recht. Und über die verfluchten
Kienwurzeln, die den ganzen Weg durchflechten,
Bricht man die Beine fast sich, und den Hals.

MERKUR.

Nun also!

SOSIAS.

– Ich Verlaßner von den Göttern!
Wurst also hat die Charis –?

MERKUR.

Frische, ja.
Doch nicht für dich. Man hat ein Schwein geschlachtet.
Und Charis hab ich wieder gut gemacht.

SOSIAS.

Gut, gut. Ich lege mich ins Grab. Und Kohl?

MERKUR.

Kohl, aufgewärmten, ja. Und wem das Wasser
Im Mund etwa zusammenläuft, der hat
Vor mir und Charis sich in acht zu nehmen.

SOSIAS.

Vor mir freßt euren Kohl, daß ihr dran stickt.
Was brauch ich eure Würste? Wer den Vögeln
Im Himmel Speisung reicht, wird auch, so denk ich,
Den alten ehrlichen Sosias speisen.

MERKUR.

Du gibst, Verräter, dir den Namen noch?

Du wagst, Hund, niederträcht'ger –!

SOSIAS.

Ei was! Ich sprach von mir nicht.

Ich sprach von einem alten Anverwandten

Sosias, der hier sonst in Diensten stand –

Und der die andern Diener sonst zerbleute,

Bis eines Tags ein Kerl, der wie aus Wolken fiel,

Ihn aus dem Haus warf, just zur Essenszeit.

MERKUR.

Nimm dich in acht, sag ich, und weiter nichts.

Nimm dich in acht, rat ich dir, willst du länger

Zur Zahl noch der Lebendigen dich zählen.

SOSIAS *für sich.*

Wie ich dich schmeißen würde, hätt ich Herz,

Du von der Bank gefallner Gauner, du,

Von zuviel Hochmut aufgebläht.

395

MERKUR.

Was sagst du?

SOSIAS.

Was?

MERKUR.

Mir schien, du sagtest etwas –?

SOSIAS.

Ich?

MERKUR.

Du.

SOSIAS.

Ich muckste nicht.

MERKUR.

Ich hörte doch von schmeißen, irr ich nicht –

Und von der Bank gefallnem Gauner reden?

SOSIAS.

So wird's ein Papagei gewesen sein.

Wenn 's Wetter gut ist, schwatzen sie.

MERKUR.

Es sei.

Du lebst jetzt wohl. Doch juckt der Rücken dir,
In diesem Haus hier kannst du mich erfragen.

Ab.

Neunte Szene

SOSIAS.

Hochmüt'ger Satan! Möchtest du am Schwein
Den Tod dir holen, das man schlachtete!
– »Den lehrt' er, der ihm auf den Teller käme!« –
Ich möchte ehr mit einem Schäferhund
Halbpart, als ihm, aus einer Schüssel essen.
Sein Vater könnte hungers vor ihm sterben,
Daß er ihm auch so viel nicht gönnt, als ihm
In hohlen Zähnen kauend stecken bleibt.
– Geh! dir geschieht ganz recht, Abtrünniger.
Und hätt ich Würst in jeder Hand hier eine,
Ich wollte sie in meinen Mund nicht stecken.
So seinen armen, wackern Herrn verlassen,
Den Übermacht aus seinem Hause stieß.
– Dort naht er sich mit rüst'gen Freunden schon.
– – Und auch von hier strömt Volk herbei! Was gibt's?

Zehnte Szene

*Amphitryon mit Obersten, von der einen Seite.
Volk, von der andern.*

AMPHITRYON.

Seid mir gegrüßt! Wer rief euch, meine Freunde?
EINER AUS DEM VOLK.

Herolde riefen durch die ganze Stadt,
Wir sollten uns vor Eurem Schloß versammeln.
AMPHITRYON.

Herolde! Und zu welchem Zweck?
DERSELBE.

Wir sollten Zeugen sein, so sagte man,
Wie ein entscheidend Wort aus Eurem Munde
Das Rätsel lösen wird, das in Bestürzung
Die ganze Stadt gesetzt.

AMPHITRYON *zu den Obersten.*
  Der Übermüt'ge!
  Kann man die Unverschämtheit weiter treiben?
ZWEITER OBERSTER.
  Zuletzt erscheint er noch.
AMPHITRYON.
  Was gilt's? Er tut's.
ERSTER OBERSTER.
  Sorgt nicht. Hier steht Argatiphontidas.
  Hab ich nur erst ins Auge ihn gefaßt,
  So tanzt sein Leben auch auf dieses Schwertes Spitze.
AMPHITRYON *zum Volk.*
  Ihr Bürger Thebens, hört mich an!
  Ich bin es nicht, der euch hieher gerufen,
  Wenn eure strömende Versammlung gleich
  Von Herzen mir willkommen ist. Er war's,
  Der lügnerische Höllengeist, der mich
  Aus Theben will, aus meiner Frauen Herzen,
  Aus dem Gedächtnis mich der Welt, ja könnt er's,
  Aus des Bewußtseins eigner Feste drängen.
  Drum sammelt eure Sinne jetzt, und wärt
  Ihr tausendäugig auch, ein Argus jeder,
  Geschickt, zur Zeit der Mitternacht, ein Heimchen
  Aus seiner Spur im Sande zu erkennen,
  So reißet, laßt die Müh euch nicht verdrießen,
  Jetzt eure Augen auf, wie Maulwürfe,
  Wenn sie zur Mittagszeit die Sonne suchen;
  All diese Blicke werft in einen Spiegel,
  Und kehrt den ganzen vollen Strahl auf mich,
  Von Kopf zu Fuß ihn auf und nieder führend,
  Und sagt mir an, und sprecht, und steht mir Rede:
  Wer bin ich?
DAS VOLK.
  Wer du bist? Amphitryon!
AMPHITRYON.
  Wohlan. Amphitryon. Es gilt. Wenn nunmehr
  Dort jener Sohn der Finsternis erscheint,
  Der ungeheure Mensch, auf dessen Haupte
  Jedwedes Haar sich, wie auf meinem, krümmt;

Wenn euren trugverwirrten Sinnen jetzt
Nicht so viel Merkmal wird, als Mütter brauchen,
Um ihre jüngsten Kinder zu erkennen;
Wenn ihr jetzt zwischen mir und ihm, wie zwischen
Zwei Wassertropfen, euch entscheiden müßt,
Der eine süß und rein und echt und silbern,
Gift, Trug, und List, und Mord, und Tod der andre:
Alsdann erinnert euch, daß ich Amphitryon,
Ihr Bürger Thebens, bin,
Der dieses Helmes Feder eingeknickt.

VOLK.

Oh! Oh! Was machst du? laß die Feder ganz,
Solang du blühend uns vor Augen stehst.

ZWEITER OBERSTER.

Meint Ihr, wir würden auch –?

AMPHITRYON.

Laßt mich, ihr Freunde.
Bei Sinnen fühl ich mich, weiß, was ich tue.

ERSTER OBERSTER.

Tut, was Ihr wollt. Inzwischen werd ich hoffen,
Daß Ihr die Possen nicht für mich gemacht.
Wenn Eure Feldherrn hier gezaudert haben,
Als jener Aff erschien, so folgt ein Gleiches
Noch nicht für den Argatiphontidas.
Braucht uns ein Freund in einer Ehrensache,
So soll ins Auge man den Helm sich drücken,
Und auf den Leib dem Widersacher gehn.
Den Gegner lange schwadronieren hören,
Steht alten Weibern gut; ich, für mein Teil,
Bin für die kürzesten Prozesse stets;
In solchen Fällen fängt man damit an,
Dem Widersacher, ohne Federlesens,
Den Degen querhin durch den Leib zu jagen.
Argatiphontidas, mit einem Worte,
Wird heute Haare auf den Zähnen zeigen,
Und nicht von einer andern Hand, beim Ares,
Beißt dieser Schelm ins Gras, Ihr seht's, als meiner.

AMPHITRYON.

Auf denn!

SOSIAS.

Hier leg ich mich zu Euren Füßen,
Mein echter, edler und verfolgter Herr.
Gekommen bin ich völlig zur Erkenntnis,
Und warte jetzt auf meines Frevels Lohn.
Schlagt, ohrfeigt, prügelt, stoßt mich, tretet mich,
Gebt mir den Tod, mein Seel ich muckse nicht.

AMPHITRYON.

Steh auf. Was ist geschehen?

SOSIAS.

Vom aufgetragnen Essen
Nicht den Geruch auch hat man mir gegönnt.
Das andre Ich, das andre Ihr Bedienter,
Vom Teufel wieder völlig war's besessen,
Und kurz ich bin entsosiatisiert,
Wie man Euch entamphitryonisiert.

AMPHITRYON.

Ihr hört's, ihr Bürger.

SOSIAS.

Ja, ihr Bürger Thebens!
Hier ist der wirkliche Amphitryon;
Und jener, der bei Tische sitzt,
Ist wert, daß ihn die Raben selber fressen.
Auf! Stürmt das Haus jetzt, wenn ihr wollt so gut sein,
So finden wir den Kohl noch warm.

AMPHITRYON.

Folgt mir.

SOSIAS.

Doch seht! Da kommt er selbst schon. Er und sie.

Eilfte Szene

Jupiter. Alkmene. Merkur. Charis.
Feldherren. Die Vorigen.

ALKMENE.

Entsetzlicher! Ein Sterblicher sagst du,
Und schmachvoll willst du seinem Blick mich zeigen?

VOLK.

Ihr ew'gen Götter! Was erblicken wir!

JUPITER.

Die ganze Welt, Geliebte, muß erfahren,

Daß *niemand* deiner Seele nahte,

Als nur dein Gatte, als Amphitryon.

AMPHITRYON.

Herr, meines Lebens! Die Unglückliche!

ALKMENE.

Niemand! Kannst ein gefallnes Los du ändern?

DIE OBERSTEN.

All ihr Olympischen! Amphitryon dort.

JUPITER.

Du bist dir's, Teuerste, du bist mir's schuldig,

Du *mußt*, du wirst, mein Leben, dich bezwingen;

Komm, sammle dich, dein wartet ein Triumph!

AMPHITRYON.

Blitz, Höll und Teufel! Solch ein Auftritt mir?

JUPITER.

Seid mir willkommen, Bürger dieser Stadt.

AMPHITRYON.

Mordhund! Sie kamen dir den Tod zu geben.

Auf jetzt!

Er zieht.

ZWEITER FELDHERR *tritt ihm in den Weg.*

Halt dort!

AMPHITRYON.

Auf, ruf ich, ihr Thebaner!

ERSTER FELDHERR *auf Amphitryon deutend.*

Thebaner, greift ihn, ruf ich, den Verräter!

AMPHITRYON.

Argatiphontidas!

ERSTER OBERSTER.

Bin ich behext?

DAS VOLK.

Kann sich ein menschlich Auge hier entscheiden?

AMPHITRYON.

Tod! Teufel! Wut und keine Rache!

Vernichtung!

Er fällt dem Sosias in die Arme.

JUPITER.

Tor, der du bist, laß dir zwei Worte sagen.

SOSIAS.

Mein Seel! Er wird schlecht hören. Er ist tot.

ERSTER OBERSTER.

Was hilft der eingeknickte Federbusch?

– »Reißt eure Augen auf, wie Maulwürfe!«

Der ist's, den seine eigne Frau erkennt.

400

ERSTER FELDHERR.

Hier steht, ihr Obersten, Amphitryon.

AMPHITRYON *erwachend.*

Wen kennt die eigne Frau hier?

ERSTER OBERSTER.

Ihn erkennt sie,

Ihn an, mit dem sie aus dem Hause trat.

Um welchen, wie das Weinlaub, würd sie ranken,

Wenn es ihr Stamm nicht ist, Amphitryon?

AMPHITRYON.

Daß mir so viele Kraft noch wär, die Zung

In Staub zu treten, die das sagt!

Sie anerkennt ihn nicht!

Er erhebt sich wieder.

ERSTER FELDHERR.

Das lügst du dort!

Meinst du des Volkes Urteil zu verwirren,

Wo es mit eignen Augen sieht?

AMPHITRYON.

Sie anerkennt ihn nicht, ich wiederhol's!

– Wenn sie als Gatten ihn erkennen kann,

So frag ich nichts danach mehr, wer ich *bin*:

So will ich ihn Amphitryon begrüßen.

ERSTER FELDHERR.

Es gilt. Sprecht jetzt.

ZWEITER FELDHERR.

Erklärt Euch jetzo, Fürstin.

AMPHITRYON.

Alkmene! Meine Braut! Erkläre dich:

Schenk mir noch einmal deiner Augen Licht!

Sag, daß du jenen anerkennst, als Gatten,
Und so urschnell, als der Gedanke zuckt,
Befreit dies Schwert von meinem Anblick dich.
ERSTER FELDHERR.

Wohlan! Das Urteil wird sogleich gefällt sein.
ZWEITER FELDHERR.

Kennt Ihr ihn dort?
ERSTER FELDHERR.

Kennt Ihr den Fremdling dort?
AMPHITRYON.

Dir wäre dieser Busen unbekannt,
Von dem so oft dein Ohr dir lauschend sagte,
Wie viele Schläge liebend er dir klopft?
Du solltest diese Töne nicht erkennen,
Die du so oft, noch eh sie laut geworden,
Mit Blicken schon mir von der Lippe stahlst?
ALKMENE.

Daß ich zu ew'ger Nacht versinken könnte!
AMPHITRYON.

Ich wußt es wohl. Ihr seht's, ihr Bürger Thebens,
Eh wird der rasche Peneus rückwärts fließen,
Eh sich der Bosporus auf Ida betten,
Eh wird das Dromedar den Ozean durchwandeln,
Als sie dort jenen Fremdling anerkennen.
VOLK.

Wär's möglich? Er, Amphitryon? Sie zaudert.
ERSTER FELDHERR.

Sprecht!
ZWEITER FELDHERR.

Redet!
DRITTER FELDHERR.

Sagt uns! –
ZWEITER FELDHERR.

Fürstin, sprecht ein Wort! –
ERSTER FELDHERR.

Wir sind verloren, wenn sie länger schweigt.
JUPITER.

Gib, gib der Wahrheit deine Stimme, Kind.

ALKMENE.

Hier dieser ist Amphitryon, ihr Freunde.

AMPHITRYON.

Er dort Amphitryon! Allmächt'ge Götter!

ERSTER FELDHERR.

Wohlan. Es fiel dein Los. Entferne dich.

AMPHITRYON.

Alkmene!

ZWEITER FELDHERR.

Fort Verräter: willst du nicht,
Daß wir das Urteil dir vollstrecken sollen.

AMPHITRYON.

Geliebte!

ALKMENE.

Nichtswürd'ger! Schändlicher!
Mit diesem Namen wagst du mich zu nennen?
Nicht vor des Gatten scheugebietendem
Antlitz bin ich vor deiner Wut gesichert?
Du Ungeheuer! Mir scheußlicher,
Als es geschwollen in Morästen nistet!
Was tat ich dir, daß du mir nahen mußtest,
Von einer Höllennacht bedeckt,
Dein Gift mir auf den Fittich hinzugeifern?
Was mehr, als daß ich, o du Böser, dir
Still, wie ein Maienwurm, ins Auge glänzte?
Jetzt erst, was für ein Wahn mich täuscht', erblick ich.
Der Sonne heller Lichtglanz war mir nötig,
Solch einen feilen Bau gemeiner Knechte,
Vom Prachtwuchs dieser königlichen Glieder,
Den Farren von dem Hirsch zu unterscheiden?
Verflucht die Sinne, die so gröblichem
Betrug erliegen. O verflucht der Busen,
Der solche falschen Töne gibt!
Verflucht die Seele, die nicht so viel taugt,
Um ihren eigenen Geliebten sich zu merken!
Auf der Gebirge Gipfel will ich fliehen,
In tote Wildnis hin, wo auch die Eule
Mich nicht besucht, wenn mir kein Wächter ist,
Der in Unsträflichkeit den Busen mir bewahrt. –

402

Geh! deine schnöde List ist dir geglückt,
Und meiner Seele Frieden eingeknickt.
AMPHITRYON.
Du Unglückselige! Bin ich es denn,
Der dir in der verfloßnen Nacht erschienen?
ALKMENE.
Genug fortan! Entlaß mich, mein Gemahl.
Du wirst die bitterste der Lebensstunden
Jetzt gütig mir ein wenig kürzen.
Laß diesen tausend Blicken mich entfliehn,
Die mich wie Keulen, kreuzend niederschlagen.
JUPITER.
Du Göttliche! Glanzvoller als die Sonne!
Dein wartet ein Triumph, wie er in Theben
Noch keiner Fürstentochter ist geworden.
Und einen Augenblick verweilst du noch.

Zu Amphitryon.

Glaubst du nunmehr, daß ich Amphitryon?
AMPIIITRYON.
Ob ich nunmehr Amphitryon dich glaube?
Du Mensch, – entsetzlicher,
Als mir der Atem reicht, es auszusprechen! –
ERSTER FELDHERR.
Verräter! Was? du weigerst dich?
ZWEITER FELDHERR.
Du leugnest?
ERSTER FELDHERR.
Wirst du jetzt etwa zu beweisen suchen,
Daß uns die Fürstin hinterging?
AMPHITRYON.
O ihrer Worte jedes ist wahrhaftig,
Zehnfach geläutert Gold ist nicht so wahr.
Läs ich, mit Blitzen in die Nacht, Geschriebnes,
Und riefe Stimme mir des Donners zu,
Nicht dem Orakel würd ich so vertraun,
Als was ihr unverfälschter Mund gesagt.
Jetzt einen Eid selbst auf den Altar schwör ich,
Und sterbe siebenfachen Todes gleich,

Des unerschütterlich erfaßten Glaubens,
Daß er Amphitryon ihr ist.
JUPITER.
Wohlan! Du bist Amphitryon.
AMPHITRYON.
Ich bin's! –
Und wer bist du, furchtbarer Geist?
JUPITER.
Amphitryon. Ich glaubte, daß du's wüßtest.
AMPHITRYON.
Amphitryon! Das faßt kein Sterblicher.
Sei uns verständlich.
ALKMENE.
Welche Reden das?
JUPITER.
Amphitryon! Du Tor! Du zweifelst noch?
Argatiphontidas und Photidas,
Die Kadmusburg und Griechenland,
Das Licht, der Äther, und das Flüssige,
Das was da war, was ist, und was sein wird.
AMPHITRYON.
Hier, meine Freunde, sammelt euch um mich,
Und laßt uns sehn, wie sich dies Rätsel löst.
ALKMENE.
Entsetzlich!
DIE FELDHERREN.
Was von diesem Auftritt denkt man?
JUPITER *zu Alkmenen.*
Meinst du, dir sei Amphitryon erschienen?
ALKMENE.
Laß ewig in dem Irrtum mich, soll mir
Dein Licht die Seele ewig nicht umnachten.
JUPITER.
O Fluch der Seligkeit, die du mir schenktest,
Müßt ich dir ewig nicht vorhanden sein.
AMPHITRYON.
Heraus jetzt mit der Sprache dort: Wer bist du?

*Blitz und Donnerschlag. Die Szene verhüllt sich mit Wolken. Es
schwebt ein Adler mit dem Donnerkeil aus den Wolken nieder.*

JUPITER.

Du willst es wissen?

404
Er ergreift den Donnerkeil; der Adler entflieht.

VOLK.

Götter!

JUPITER.

Wer bin ich?

DIE FELDHERREN UND OBERSTEN.

Der Schreckliche! Er selbst ist's! Jupiter!

ALKMENE.

Schützt mich ihr Himmlischen!

Sie fällt in Amphitryons Arme.

AMPHITRYON.

Anbetung dir
In Staub. Du bist der große Donnerer!
Und dein ist alles, was ich habe.

VOLK.

Er ist's! In Staub! In Staub das Antlitz hin!

Alles wirft sich zur Erde außer Amphitryon.

JUPITER.

Zeus hat in deinem Hause sich gefallen,
Amphitryon, und seiner göttlichen
Zufriedenheit soll dir ein Zeichen werden.
Laß deinen schwarzen Kummer jetzt entfliehen,
Und öffne dem Triumph dein Herz.
Was du, in mir, dir selbst getan, wird dir
Bei mir, dem, was ich ewig bin, nicht schaden.
Willst du in meiner Schuld den Lohn dir finden,
Wohlan, so grüß ich freundlich dich, und scheide.
Es wird dein Ruhm fortan, wie meine Welt,
In den Gestirnen seine Grenze haben.
Bist du mit deinem Dank zufrieden nicht,
Auch gut: Dein liebster Wunsch soll sich erfüllen,
Und eine Zunge geb ich ihm vor mir.

AMPHITRYON.

Nein, Vater Zeus, zufrieden bin ich nicht!

Und meines Herzens Wunsche wächst die Zunge.
Was du dem Tyndarus getan, tust du
Auch dem Amphitryon: Schenk einen Sohn
Groß, wie die Tyndariden, ihm.

JUPITER.

Es sei. Dir wird ein Sohn geboren werden,
Dess' Name Herkules: es wird an Ruhm
Kein Heros sich, der Vorwelt, mit ihm messen,
Auch meine ew'gen Dioskuren nicht.
Zwölf ungeheure Werke, wälzt er türmend
Ein unvergänglich Denkmal sich zusammen.
Und wenn die Pyramide jetzt, vollendet,
Den Scheitel bis zum Wolkensaum erhebt,
Steigt er auf ihren Stufen himmelan
Und im Olymp empfang ich dann, den Gott.

AMPHITRYON.

Dank dir! – Und diese hier, nicht raubst du mir?
Sie atmet nicht. Sieh her.

JUPITER.

Sie wird dir bleiben;
Doch laß sie ruhn, wenn sie dir bleiben soll! –
Hermes!

*Er verliert sich in den Wolken, welche sich mittlerweile in der Höhe
geöffnet haben, und den Gipfel des Olymps zeigen, auf welchem
die Olympischen gelagert sind.*

ALKMENE.

Amphitryon!

MERKUR.

Gleich folg ich dir, du Göttlicher! –
Wenn ich erst jenem Kauze dort gesagt,
Daß ich sein häßliches Gesicht zu tragen,
Nun müde bin, daß ich's mir mit Ambrosia jetzt
Von den olymp'schen Wangen waschen werde;
Daß er besingenswürd'ge Schläg empfangen,
Und daß ich mehr und minder nicht, als Hermes,
Der Fußgeflügelte der Götter bin!

Ab.

SOSIAS.

Daß du für immer unbesungen mich
Gelassen hättst! Mein Lebtag sah ich noch
Solch einen Teufelskerl, mit Prügeln, nicht.

ERSTER FELDHERR.

Fürwahr! Solch ein Triumph –

ZWEITER FELDHERR.

So vieler Ruhm –

ERSTER OBERSTER.

Du siehst durchdrungen uns –

AMPHITRYON.

Alkmene!

ALKMENE.

406   Ach!

Biographie

1777   *18. Oktober:* Bernd Wilhelm Heinrich von Kleist wird in Frankfurt an der Oder als Sohn des preußischen Offiziers Joachim Friedrich von Kleist und seiner zweiten Frau Juliane Ulrike, geb. von Pannwitz, geboren.

1788   *Juni:* Tod des Vaters.
Kleist wird von dem Prediger und Übersetzer Samuel Henri Catel in Berlin unterrichtet (bis 1792).

1792   *Juni:* Kleist tritt als Gefreiter-Korporal in das Garderegiment Potsdam ein.

1793   *Februar:* Tod der Mutter.
März: Kleist nimmt als Soldat am Rheinfeldzug der feudalen Koalition gegen die französische Republik teil (bis 1795).

1795   *Juni:* Nach dem Baseler Sonderfrieden zwischen Preußen und Frankreich kehrt Kleist nach Potsdam zurück.

1797   *März:* Kleist wird zum Leutnant befördert.
Beginn der lebenslangen Freundschaft mit Ernst von Pfuel. Zusammen mit dem Freund J. J. Otto August Rühle von Lilienstern unternimmt Kleist eine Reise in den Harz.
Kleist beginnt mit autodidaktischen Studien in Mathematik, Philosophie und Musik und beschäftigt sich intensiv mit den Schriften Christoph Martin Wielands.
Freundschaft mit der Cousine Marie von Kleist und der zum Hofadel gehörenden Adolphine von Werdeck. Schwärmerische Liebe zu Luise von Linckersdorf.

1799   *April:* Abschied vom Militär
Kleist immatrikuliert sich an der Universität in Frankfurt an der Oder zum Studium der Rechtswissenschaften, nebenbei besucht er Vorlesungen in den Fächern Philosophie, Mathematik und Physik.
Freundschaft und Verlobung mit Wilhelmine von Zenge, der Tochter des Ortskommandanten.

1800   *August:* Kleist bricht das Studium ab und kehrt nach Berlin zurück.
Würzburger Reise mit dem Freund Brockes.
Es entsteht ein Entwurf der Tragödie »Familie Ghonorez«, die später unter dem Titel »Familie Schroffenstein« veröffent-

licht wird.

Plan zum Drama »Penthesilea«.

Kleist liest Jean-Jacques Rousseaus pädagogischen Roman »Emile oder über die Erziehung« sowie Schillers »Don Carlos, Infant von Spanien« und »Wallenstein«.

November: Er erhält eine Anstellung als Volontär im preußischen Wirtschaftsministerium in Berlin.

1801 *März:* Die Lektüre von Kants Schriften »Kritik der reinen Vernunft« und »Kritik der Urteilskraft« löst eine schwere Krise aus.

April: Kleist reist mit seiner Schwester Ulrike über Dresden (Freundschaft mit den Schlieben-Schwestern), Halberstadt (Besuch bei Johann Wilhelm Ludwig Gleim), Göttingen, Mainz und Straßburg nach Paris.

Juli-November: Aufenthalt in Paris.

Die erste Fassung der Erzählung »Die Verlobung in San Domingo« entsteht (gedruckt 1811 im 2. Band der »Erzählungen«).

November: Rückreise nach Frankfurt am Main.

Reise in die Schweiz.

Umgang mit Heinrich Zschokke, Johann Daniel Falk, Heinrich Geßner und Ludwig Wieland, dem Sohn Christoph Martin Wielands.

1802 *Februar:* Kleist bezieht eine Wohnung auf einer Aare-Insel bei Thun.

Arbeit an den Dramen »Der zerbrochene Krug« und »Robert Guiskard, Herzog der Nordmänner« (erscheint 1808 in der Zeitschrift »Phöbus«).

Fertigstellung der Tragödie »Familie Schroffenstein«.

Mai: Bruch mit Wilhelmine von Zenge.

Juli: Rückkehr nach Bern.

Kleist liest Freunden sein Erstlingsdrama »Die Familie Schroffenstein« vor; die pessimistische Tragödie erntet im fünften Akt stürmisches Gelächter.

Juli/August: Schwere Krankheit Kleists.

Oktober: Reise nach Weimar zusammen mit der Schwester Ulrike und Ludwig Wieland.

1803 *Januar-März:* Aufenthalt auf dem Gut Oßmannstedt von Christoph Martin Wieland in der Nähe von Weimar.

Luise, die dreizehnjährige Tochter Wielands, verliebt sich in Kleist.

Kleist liest das Fragment »Robert Guiskard, Herzog der Nordmänner« vor und empfängt großes Lob von Wieland.

»Die Familie Schroffenstein« erscheint.

Reise nach Leipzig und Dresden, wo er Umgang mit Henriette von Schlieben pflegt.

Selbstmordpläne.

Juli: Reise nach Bern, Mailand, Genf und Paris.

Mit dem Plan, in die französische Armee einzutreten, reist Kleist weiter nach Boulogne-sur-Mer.

Körperlicher und seelischer Zusammenbruch nach seiner Rückkehr nach Paris.

November: Kleist kehrt nach Deutschland zurück.

1804   *Januar-Juni:* Aufenthalt in Mainz, wo er von dem Arzt und Schriftsteller Georg Wedekind behandelt wird.

Kleists Tragödie »Die Familie Schroffenstein« wird am Nationaltheater in Graz uraufgeführt.

Juni: Rückkehr nach Berlin.

Kleist erhält eine Audienz bei dem Adjutanten von Köckeritz im Charlottenburger Schloss, wo er sich um eine staatliche Anstellung bemüht.

September: Wiedereintritt in den preußischen Staatsdienst.

1805   Kleist arbeitet im preußischen Finanzministerium.

Mit dem Lustspiel »Der zerbrochene Krug« stellt er ein weiteres Drama fertig.

Mai: Kleist erhält eine Anstellung in Königsberg als Diätar der Domänenkammer.

Er beginnt ein Studium der Kameralwissenschaft an der Universität Königsberg bei Christian Jakob Kraus. Das Interesse für politische Ökonomie veranlasst ihn zur Lektüre der Abhandlung »Untersuchung über die Natur und die Ursachen des Nationalreichtums« (1776) von Adam Smith.

Wiedersehen mit Wilhelmine von Zenge.Kleist arbeitet an den Erzählungen »Michael Kohlhaas« und »Die Marquise von O...« sowie an den Dramen »Penthesilea« und »Amphitryon«.

1806   *August:* Kleist erhält Krankenurlaub und geht fünf Wochen zur Kur nach Pillau.

Endgültige Aufgabe der Beamtenlaufbahn.

1807 *Januar:* Kleists Versuch, nach Berlin zurückzukehren, wird durch den militärischen Zusammenbruch Preußens im Oktober 1806 erschwert.
Februar: Kleist gerät in französische Gefangenschaft.
März: Ankunft in Fort de Joux.
April: Kleist wird im Kriegsgefangenenlager Châlons-sur-Marne interniert.
»Amphitryon, ein Lustspiel nach Molière« erscheint.
Goethe lehnt die Verquickung des Christlich-Mystischen mit dem Antiken und Komischen in »Amphitryon« ab.
Juli: Kleist wird aus der Gefangenschaft entlassen und tritt die Rückreise nach Deutschland an.
August: Nach kurzem Aufenthalt in Berlin kommt Kleist in Dresden an.
Die Erzählung »Jeronimo und Josephe. Eine Szene aus dem Erdbeben zu Chili vom Jahre 1647« erscheint im »Morgenblatt für gebildete Stände«, sie erhält später den Titel »Das Erdbeben in Chili«.
Umgang mit Christian Gottfried Körner, Adam Müller, Sophie von Haza, Gotthilf Friedrich Schubert, Baron von Buol und Ludwig Tieck im literarischen Salon von Rahel und Karl August Varnhagen.
Kurze Liaison mit Julie Kunze. Kleist beendet die Arbeit an der Tragödie »Penthesilea« und schließt das historische Ritterschauspiel »Käthchen von Heilbronn oder Die Feuerprobe« ab.

1808 Zusammen mit Adam Müller beginnt Kleist mit der Herausgabe der Monatsschrift »Phöbus. Ein Journal für die Kunst« (bis Dezember 1808).
Teile von Kleists Schriften werden im »Phöbus« gedruckt (»Penthesilea«, »Robert-Guiskard-Fragment«, »Michael Kohlhaas«).
In einem Brief lehnt Goethe die Tragödie »Penthesilea« wegen ihrer theaterwidrigen Form ab.
März: Die Uraufführung des Lustspiels »Der zerbrochene Krug« am Hoftheater in Weimar wird zu einem Misserfolg, nicht zuletzt wegen Goethes Bearbeitung des Dramas.
»Penthesilea« erscheint.
April: Die Monatsschrift »Phöbus« gerät in Finanzschwierig-

keiten.

Dezember: Kleist stellt sein Drama »Die Hermannsschlacht« fertig (erscheint erst 1821 in den »Hinterlassenen Schriften«).

1809   Mit großer Begeisterung liest Kleist den patriotischen Schriftsteller und Publizisten Ernst Moritz Arndt.

April: Kleist gerät wegen des Scheiterns des »Phöbus« in Streit mit Adam Müller.

Reise nach Österreich und Prag zusammen mit Friedrich Christoph Dahlmann.

Mai: Nach der Besichtigung des Schlachtfeldes bei Aspern wird Kleist vorübergehend festgenommen.

Kleist plant, unter dem Namen »Germania« eine politische Wochenzeitschrift mit nationaler Tendenz in Österreich herauszugeben, sein Gesuch um Genehmigung wird jedoch von den Behörden ignoriert.

Juni-Oktober: Aufenthalt in Prag.

Schwere Krankheit.

November: Reise nach Frankfurt an der Oder.

1810   *Januar:* Rückkehr nach Berlin

Umgang mit Adam Müller, Achim von Arnim, Clemens Brentano, Bernhard Anselm Weber, Friedrich de la Motte Fouqué, Rahel und Karl August Varnhagen in der Christlich-Deutschen Tischgesellschaft.

März: Kleist schreibt ein Geburtstagsgedicht an Königin Luise.

»Das Käthchen von Heilbronn oder Die Feuerprobe« wird in Wien uraufgeführt.

Bekanntschaft mit dem Verleger Georg Andreas Reimer.

Der erste Band von Kleists »Erzählungen« (»Das Erdbeben in Chili«, »Die Marquise von O...«, »Michael Kohlhaas«) erscheint.

Oktober: Die erste Ausgabe der von Kleist herausgegebenen Tageszeitung »Berliner Abendblätter«, in der er selbst einige Erzählungen und Anekdoten veröffentlicht, erscheint.

»Das Käthchen von Heilbronn oder Die Feuerprobe« wird veröffentlicht.

Kleist bemüht sich um staatliche Unterstützung für die »Berliner Abendblätter«.

1811   »Der zerbrochene Krug« erscheint.

März: Die letzte Ausgabe der »Berliner Abendblätter« wird

gedruckt.

Juni: Kleist beendet sein Schauspiel »Prinz Friedrich von Homburg« (erscheint 1821 in den »Hinterlassenen Schriften«). Der zweite Band von Kleists »Erzählungen« (»Die Verlobung in San Domingo«; »Das Bettelweib von Locarno«; »Der Findling«; »Die heilige Cäcilie oder die Gewalt der Musik«; »Der Zweikampf«) kommt heraus.

Umgang mit Marie von Kleist, August Graf Neithart von Gneisenau und Henriette Vogel.

September: Kleist wird die Wiedereinstellung als Offizier in Aussicht gestellt.

21. November: Freitod Kleists am Kleinen Wannsee bei Berlin, gemeinsam mit Henriette Vogel.

Dekadente Erzählungen

Im kulturellen Verfall des Fin de siècle wendet sich die Dekadenz ab von der Natur und dem realen Leben, hin zu raffinierten ästhetischen Empfindungen zwischen ausschweifender Lebenslust und fatalem Überdruss. Gegen Moral und Bürgertum frönt sie mit überfeinen Sinnen einem subtilen Schönheitskult, der die Kunst nichts anderem als ihr selbst verpflichtet sieht.

Rainer Maria Rilke Die Aufzeichnungen des Malte Laurids Brigge **Joris-Karl Huysmans** Gegen den Strich **Hermann Bahr** Die gute Schule **Hugo von Hofmannsthal** Das Märchen der 672. Nacht **Rainer Maria Rilke** Die Weise von Liebe und Tod des Cornets Christoph Rilke

ISBN 978-3-8430-1881-4, 412 Seiten, 29,80 €

Erzählungen aus dem Sturm und Drang

Zwischen 1765 und 1785 geht ein Ruck durch die deutsche Literatur. Sehr junge Autoren lehnen sich auf gegen den belehrenden Charakter der - die damalige Geisteskultur beherrschenden - Aufklärung. Mit Fantasie und Gemütskraft stürmen und drängen sie gegen die Moralvorstellungen des Feudalsystems, setzen Gefühl vor Verstand und fordern die Selbstständigkeit des Originalgenies.

Jakob Michael Reinhold Lenz Zerbin oder Die neuere Philosophie **Johann Karl Wezel** Silvans Bibliothek oder die gelehrten Abenteuer **Karl Philipp Moritz** Andreas Hartknopf. Eine Allegorie **Friedrich Schiller** Der Geisterseher **Johann Wolfgang Goethe** Die Leiden des jungen Werther **Friedrich Maximilian Klinger** Fausts Leben, Taten und Höllenfahrt

ISBN 978-3-8430-1882-1, 476 Seiten, 29,80 €

Erzählungen aus dem Sturm und Drang II

Johann Karl Wezel Kakerlak oder die Geschichte eines Rosenkreuzers **Gottfried August Bürger** Münchhausen **Friedrich Schiller** Der Verbrecher aus verlorener Ehre **Karl Philipp Moritz** Andreas Hartknopfs Predigerjahre **Jakob Michael Reinhold Lenz** Der Waldbruder **Friedrich Maximilian Klinger** Geschichte eines Teutschen der neusten Zeit

ISBN 978-3-8430-1883-8, 436 Seiten, 29,80 €